ज़ंजीर बोल उठी

(कहानी-संग्रह)

सुरभि प्रकाशन
गणेशनगर, दिल्ली

ज़ंजीर बोल उठी

जै़दी जाफ़र रज़ा

ISBN—978-93-80631-07-3

प्रकाशक
सुरभि प्रकाशन
सी-37, ब्लॉक सी, गणेशनगर
पांडवनगर कॉम्प्लेक्स, दिल्ली-110092

प्रथम संस्करण
2011

आवरण
अमित वर्धन

मूल्य
एक सौ अस्सी रुपये

मुद्रक
बी०के० ऑफसेट
नवीन शाहदरा, दिल्ली-110032

ZANJEER BOL UTHI (Stories in Hindi)
by Zaidi jafar Raza
Price : Rs. 180.00

बेटे के नाम
जिसके हर शब्द में सुनाई पड़ती है मुझे
ज़िंदगी की एक गूँज

अतीत और वर्तमान चेहरे वाली कहानियाँ

ज़ैदी जाफ़र रज़ा की पंद्रह कहानियों से गुज़रते हुए इस बात का शिद्दत से अहसास हुआ कि ये कहानियाँ एक चेहरे वाली नहीं हैं बल्कि इनके दो रुख़ हैं और दोनों रुख़ एक-दूसरे के रू-ब-रू हो एक संवाद की कैफ़ियत पैदा करते हैं। क्या यह महज़ एक इत्तफ़ाक़ है या लेखक की शैली या फिर जाना-बूझा प्रयास?

ज़ैदी के लगभग हर चरित्र को ज़िंदगी की सीधी सड़क पर चलते हुए उन मोड़ों से गुज़रना पड़ता है जो उनकी ज़िंदगियों को या तो बदलकर रख देते हैं या फिर उन्हें मौत की मीठी नींद सुला देते हैं। ज़ैदी कहीं पर सधे कहानीकार लगने लगते हैं तो कहीं पर इतिहासकार, तो कहीं पर सामाजिक आलोचक। जो भी हो मगर एक बात पाठक को इस सच से मुठभेड़ ज़रूर कराती है कि लेखक को गहरे, बहुत गहरे कुछ मथ रहा है। वह व्यथा क्या है? इंसान का इंसान से अलग होना या फिर इंसान का मतलबी और खुदग़र्ज़ होना या फिर हालात के हाथों उसका खिलौना बन जाना।

ये कहानियाँ बताती तो एक घटना के बारे में हैं मगर उस बयान में बहुत कुछ अनकहा आपके हाथ लग जाता है, वह भी वहाँ पर जहाँ कहानी खत्म होती है यानी कि एक नई कहानी की संभावना अंत में पैवस्त साफ़ झलकती, तड़पती नज़र आती है। बस, उस पिन को निकाल दें जो लेखक ने जानबूझकर नत्थी की है या अनजाने ही उससे ऐसा हो गया जैसा कि मैंने पहले कहा है। यह संकेत इस बात का भी है कि कहानियाँ किस्तवार भी चल सकती थीं, अर्थात् अपने में एक उपन्यास की सारी उम्मीदों को छिपाए हुए।

इन कहानियों में जो संदेश छुपा है वह तीखा और प्रखर होकर बार-बार यह बात दोहराता है कि यह सारा ख़ूनख़राबा, यह सारी ग़लतफ़हमियाँ इस बिना पर पनपती हैं कि हम दूसरों के बारे में ही नहीं बल्कि अपने बारे में भी ज़्यादा नहीं जानते हैं। इस बेचैनी को ज़ैदी ने अपनी कई कहानियों में खोलने की कोशिश की है।

संग्रह की पहली कहानी 'सोमवीर' है। क़ैदियों से भरे जेलख़ाने की, जहाँ प्रतिशोध की धीमी आग ने सोमवीर को मार डाला। सोमवीर दरअसल दो बार मरा, एक बार संवेदना के स्तर पर जब उसने ठंडे लोहे की तरह बेवफ़ाई का स्पर्श किया

था और गोलियों से अपनी प्रिय पत्नी को मौत की नींद सुला दिया था और दूसरी बार तब, जब शारीरिक स्तर पर अन्याय और अत्याचार के विरोध में उसने जेलर के मुँह पर अचानक अपनी आत्मा की पुकार से व्याकुल हो चाँटा मारा था। पहली और दूसरी घटना में कोई भी समानता न होने के बावजूद अन्याय की प्रतिध्वनि एक थी, पीड़ा की अभिव्यक्ति एक थी। शरीर की भूख और स्वाद की भूख ने दोनों स्तरों पर इंसान को मजबूर किया मगर यह मजबूरी समाज और क़ानून के बनाए नियम के विरुद्ध है, जहाँ संस्कार इंसान के खून में बहने लगता है और इंसानियत सहम उठती है।

कहानी प्रभावी ढंग से मन पर उदासी की धूल बिछा पूछती है कि यदि सोमवीर पत्नी को क्षमा कर देता, आदिम भूख को इंसानी कमज़ोरी समझ आँखें बंद कर लेता तो उसका जीवन कैसा होता?

संग्रह की दूसरी कहानी 'बधाई' है—मानवीय दुःख की, मगर वह रंग-रस सोमवीर की तरह सिर्फ़ और सिर्फ़ इंसानी जज़्बात से निकलकर इंसान को दीवाना नहीं बनाता है बल्कि सियासत कैसे इंसानों से उनका मानसिक सुख छीन रही है उस साज़िश की यह बेहद गहरी और तीखे प्रश्नों को उठाती कहानी है, "जैसे मुसलमान होना और मुसलमानों जैसा होना, दो अलग-अलग बातें हैं, क्या आप दोनों में अंतर महसूस नहीं करते?" बेटे के द्वारा कहे इस संवाद से अख़्तर साहब शारीरिक रूप से मर जाते हैं। मौत यहाँ एक रूपक गढ़ती है और हम सबसे पूछती है कि खुद अपने देश में मुसलमान पहली बार तब मरा जब वतन की मुहब्बत के चलते अपने वतन में टिका रहा और पाकिस्तान नहीं गया और इसके सिलसिले में वह पिछले साठ वर्षों से बँटवारे का इल्ज़ाम सहता आ रहा है और अब अमेरिका की नीतियों के चलते मध्यपूर्वी देशों में जो रणक्षेत्र खुले हैं जिनमें इंक़लाबी अब आतंकवादी करार दिए जा चुके हैं, उसके चलते। वह फिर दूसरी बार मरा जब वह शक के घेरे में घिर चुका है। मगर यहाँ एक बेहद गहरा सवाल अख़्तर साहब के बेटे के सवाल में नत्थी है कि 'मुसलमान जैसा' क्या असली मुसलमान वही है जो बुश द्वारा उग्रवादी क़रार दिए जा चुके हैं। फिर नब्बे प्रतिशत दुनिया के मुसलमान जो बेहद सुकून और ख़ामोशी से अपने दीन व मज़हब को लेकर जी रहे हैं क्या उनकी कोई पहचान नहीं है? क्या वे इस्लाम का सही चेहरा नहीं हैं? यह कहानी वास्तव में एक बेहद पेचीदा हालात और जनमानस की व्यथा को खँगालती है कि संचार माध्यम द्वारा सच के मुँह पर झूठ की सजावट कितनों को गुमराह और कितनों को दुःख-भरे पछतावे में रात-दिन तड़पाती है कि वे कुछ नहीं कर पा रहे हैं और अकेली विश्वस्तर की महान् शक्ति जो चाह रही है वह कर रही है, जबकि खुद उसके देश में अमेरिकी

रणनीति एक कूटनीति का विरोध बड़े ज़ोरदार तरीक़े से बुद्धिजीवी और कलाकारों द्वारा चल रहा है। इस कहानी के विषय पर लेख भी लिखा जा सकता है और सेमिनार भी किया जा सकता है मगर यह विषय तब भी समाप्त नहीं होगा। कहानी सोचने पर न केवल मजबूर करती है बल्कि पाठक को व्याकुल करती है।

तीसरी कहानी 'ख़दीजा की वापसी' बाक़ी दो कहानियों की तरह दोमुँही तलवारों जैसा वार नहीं करती है, मगर उसमें तीन पर्तें ज़रूर हैं जो धर्म, समाज और वर्तमान सियासी परिदृश्य को बड़े सहज रूप से हमारे सामने खोलती हैं। जिस बात को आज उत्तर आधुनिकता बताकर आश्चर्य से बड़ी उम्र की औरतों से प्रेम और गठबंधन की जो बातें हमें समाचार बताते हैं वह चौदह सौ वर्षों पहले अरब समाज में सामान्य एवं सहज थीं। दूसरी बात आतंकवाद की समस्या को इस कहानी में वास्तविकता के धरातल पर रखकर परखा गया है। शायद वे सूचनाएँ पाठकों को नई लगें और उनके दृष्टिकोण को केवल एकाकी रंग में आतंकवाद देखने के अलावा एक नया परिप्रेक्ष्य दें। मुसलमान समाज़ की कुंठाएँ और रूढ़ि भी जो पत्थर की तरह जमी हुई हैं और भारत के बँटवारे के बाद के अधूरे बिखरे समाज की दुःखदायी पर्तों के रूप में मौजूद हैं, उसकी तरफ़ यह कहानी ख़ास तौर से इशारा करती है और वाजदा तबस्सुम के शुरू के अफ़सानों में हैदराबादी समाज की जटिलता का जो मानसिक द्वंद्व है उसे उकेरते हुए बताती हैं कि पच्चीस-तीस वर्ष के अंतराल में मुसलमानों के बीच मध्य वर्ग पनपा तो, मगर वह सहज रिश्तों का आदान-प्रदान न हो पाया जो बँटवारे से पहले था, जब आँगन-कमरा बँटा था न, लोग अपना घर-द्वार छोड़कर भागे थे।

'बहिश्त का सफ़र' कहानी अल्लन के बहाने 1947 के पहले के हिंदुस्तान का नक्शा पेश करती है या फिर वह माहौल जो बड़ों का बनाया हुआ था उसमें एक कमसिन लड़का कैसा महसूस करता है यह उसकी अक्कासी करती है। बँटवारे पर लिखी मंटो की कहानी 'टोबा टेकसिंह', कृष्णा सोबती की कहानी 'सिक्का बदल गया', खुशवंत सिंह की मशहूर रचना 'ट्रेन टू पाकिस्तान', इसके अलावा भी अनेक रचनाएँ 'झूठा सच', 'उदास नस्लें', 'आँगन', 'बस्ती' वगैरह हैं, जिनमें बड़ों के कारनामों का ख़मियाज़ा बड़ों को ही भुगतते दिखाया गया है। मगर बहुत कम लेखकों का ध्यान बच्चों की मानसिकता की तरफ़ गया है कि उन पर इन बदलते सियासी दृश्यों का असर क्या हुआ होगा। 'काले जल' के चरित्र मोहसिन की तरह ही इस कहानी का किरदार अल्लन अपने पूरें बदलते परिदृश्य से आतंकित और रोमांचित है। उसका नन्हा-सा दिल व दिमाग़ जितना हैरान है उतना ही वह परेशान है। यह

कहानी एक क़स्बे, एक मोहल्ले में रहने वालों के रिश्ते को बिना ढिंढोरा पीटे दिखाती है कि देखो, रहना और जीना इसे कहते हैं जहाँ अहसन को रामदेई बुआ गोश्त और रोटी खिला चुपचाप लुटिया व धोती उठा गंगा-स्नान करने चल देती हैं। आज ऐसा प्यार होगा ज़रूर मगर वह नज़र नहीं आता, बल्कि प्रचार व प्रसार माध्यम उन घटनाओं को बार-बार दिखाते हैं जिससे दिल फटकर खाई बन जाएँ।

'दहशतगर्द' कहानी का शाहिद और उसकी दोस्त नीता देश में बढ़ते सांप्रदायिक दंगे के विरोध में सेकुलर विचार की अभिव्यक्ति के चलते कबीर तो नहीं बन पाए मगर पुलिस ने उन्हें दहशतगर्द बना उनकी सारी मानवीय कोशिशों पर सियाह पर्दा डाल दिया। हिंदू-मुसलमान, माँ-बाप से उत्पन्न औलाद जिस एकता में भारत को बँधा देखना चाहती है उसका यह अंजाम नाटकीय होने के बावजूद सच और वक़्त के तक़ाज़े के बहुत क़रीब है। पूरी कहानी में आज के प्रश्नों के उत्तर भी हैं और उन उत्तरों से निकले प्रश्न भी हैं। इस कहानी को पहले पढ़ी कहानियों का विस्तार तो नहीं कह सकते हैं, मगर यथार्थ के चेहरे का एक और कोण कहा जा सकता है।

कहानी 'संजोग' सीधे स्त्री-विमर्श के खाते में जाएगी और उसी पैमाने पर वह एक कामयाब कहानी कही जा सकती है। कुछ इसी रंग में रँगी दूसरी कहानी 'एक हथेली, आधी दस्तक' भी है, जिसमें औरत की संवेदना की दुनिया खुलती है जो उसके व्यक्तित्व के निखार के साथ महकती है। इसमें अगर शरीअत क़ानून का बयान न भी आता तो भी यह कहानी अपनी बात अपने तरीक़े से कह रही थी। 'मन का बोझ' एक भोले इंसान के विश्वास की कहानी है, जिसमें उसे यथार्थ की क़तई ज़रूरत नहीं है। उसे ठाकुर साहब यदि सुनील दत्त लगते हैं तो लगते हैं उसी में उसका सुख है और वही उसका विश्वास है। 'सीमा के उस पार' कहानी एक ऐसे चरित्र की कहानी है जो अस्सी प्रतिशत लोगों का प्रतिनिधित्व करता है जो अपने धर्म को ही सर्वोपरि समझते हैं और सतह को छू अपने ऊपर गर्व करते हैं। मगर बनवारी अपवाद बन कर आता है और इंसान का दूसरा चेहरा ज़िंदगी का दूसरा रुख़ दिखाता है। इस तरह की कहानियों की ज़्यादा से ज़्यादा आज हमें ज़रूरत है जब नकारात्मक दृश्य अधिक फ़ोकस में आ रहे हैं।

इसके बाद तीन कहानियाँ 'ज़ंजीर बोल उठी', 'अंधा आकाश' और 'मिट्टी की आबरू' इस संग्रह की बेजोड़ हसीन कहानियाँ हैं, जिनके बारे में बाद में बात करना बेहतर है। फ़िलहाल 'मकान' एक ऐसी कहानी है जो बहुत-से पाठकों को अपनी आपबीती लगेगी। उसमें दर्द से मुठभेड़ हर मोड़ पर होती है। संग्रह की महत्त्वपूर्ण कहानी 'कँटीली झाड़ियों के बीच' है जो आज का वह भयानक सच है जिसके चंगुल

में अपनी पैदा की औलादें बुरी तरह फँस चुकी हैं। बाज़ारवाद की तड़क-भड़क, भौतिकवाद का आकर्षण, विचित्र क़िस्म के दबाव और तनाव में आज की नई पीढ़ी को ला रहे हैं। लैंडमाफ़िया हर तरह के क़ानून, नैतिकता और मानवीय मूल्यों को भुला बिलकुल नए तरह के तर्क और जीवन-पद्धति को स्थापित कर रहे हैं।

उन तीन कहानियों में 'बहिश्त का सफ़र' को भी मैं शामिल करना चाहूँगी जो राजनीति के पर्दे पर लिखी गई है, वास्तव में हमारा इतिहास है। 'मिट्टी की आबरू' और 'बहिश्त का सफ़र' बहुत पुराने समय को उजागर नहीं करती हैं। अश्फ़ाक़उल्लाह की ज़िंदगी पर आधारित 'मिट्टी की आबरू' कहानी की भाषा भी कमाल दिखाती है, जिसमें अश्फ़ाक़उल्लाह की अम्माँ का किरदार जहाँ ममता का अहसास देता है वहीं उनकी महबूबा रेहाना एक अजीब रंग इस कहानी में भरती है। बख़्शी और अश्फ़ाक़ का प्यार, अश्फ़ाक़ और बिस्मिल की शायरी सब कुछ बहुत नपा-तुला, क़िस्सागोई के अंदाज़ और सुंदर संवाद के रूप में इस तारीख़ी कहानी में उभरा है। कहानी का अंत और प्रभाव, रेहाना का चरित्र और अश्फ़ाक़ का सूली पर चढ़ जाना, जाने क्यों मुझे अपनी कहानी 'खुशबू का रंग' की याद दिला गया। हज़ारों बार दुहराई अश्फ़ाक़ की कहानी जो मन-मस्तिष्क पर इतनी हावी नहीं हुई थी लेखक के अंदाज़े-बयान से गहरे मन को छू गई। 'अंधा आकाश' जितना नाम ख़ूबसूरत है उतना ही कहानी का पात्र भी। इस कहानी से गुज़रते हुए कमलेश्वर जी के उपन्यास 'कितने पाकिस्तान' के 'अदीब' का ख़याल बराबर आता रहा और बार-बार मन में इच्छा उभर रहीं थी कि लेखक को इस तर्ज़बयानी के साथ ऐतिहासिक उपन्यास न सही तो उपन्यासिका ज़रूर लिखनी चाहिए ताकि पाठकों को रचना का भरपूर स्वाद मिलता। वैसे यह कहानी अपनी शैली, भाषा और विषय के देखते पूर्ण है जो विचार को उत्तेजित और संवेदना को कहीं दर्द तो कहीं संतोष का स्वाद चखाती है। कहानी का आरंभ देखें :

"तुम्हारा नाम?" सुल्तानुल मुजाहिद अबुलफ़तह मुहम्मद बिन तुग़लक़ की क़ब्र में फ़रिश्ते ने सवाल किया।

"मेरी इजाज़त के बग़ैर इतने सख़्त पहरों के बावजूद तुम्हारी यहाँ तक आने की जुर्अत किस तरह हुई?" सुल्तान ने रोबदार आवाज़ से पूछा।

इस कहानी में पुरानी घटनाओं पर से पर्दे हटाते हुए गुनहगारों के चेहरों से पर्दा हटता है। यानी कि काज़ी कमालउद्दीन के शरीर से न्याय के वस्त्र उतरवा लिए गए और उन्हें अपराधियों के वस्त्र पहना दिए गए। (काश, ऐसा आज भी हो सकता) इस कहानी का अंत देखें :

"ठंठा से चौदह कोस दूर सिंध नदी के तट पर सेना के पड़ाव-स्थल पर दो

सप्ताह से बीमार चल रहे सुल्तान के विशिष्ट शिविर से उसकी चीख़ गूँजी। कई हकीम एक साथ दौड़ पड़े। 20 मार्च, 1351 की शाम अपनी कहानी का अंतिम पृष्ठ लिख चुकी थी। अंधा आकाश विश्राम के लिए दो गज़ ज़मीन टटोल रहा था और शाही महल के गुंबदों की छत मिट्टी के पेट में सोने के लिए सन्नाटों के बिछौने खोल रही थी।"

'ज़ंजीर बोल उठी' के नाम पर संग्रह का नाम रखा गया है, जो इस संग्रह की सभी कहानियों की अंतर्धारा का निचोड़ है। यह एक तारीख़ी सच है जो आज का सच लगता है और महसूस होता है कि हर देशकाल में मानव प्रवृत्तियाँ वही रही हैं। हमेशा अच्छे और बुरे के बीच में जंग रही और षड्यंत्रों के तहख़ानों में सच को क़ैद कर वक़्ती लाभ चाटुकारों ने कैसे उठाए और हाकिमों को गुमराह कर इतिहासकारों तक से वह सब लिखवा डाला जो सच नहीं था। यह कहानी पंडित लोधन, शेखबुध, काज़ी प्यारा के चारों तरफ़ सुल्तान लोदी के शासनकाल में घूमती है। यह वह सुल्तान था जिसके शासनकाल में इस्लाम के इतर किसी धर्म के सच्चे होने की बात बर्दाश्त नहीं की जा सकती थी।

इस तारीख़ी घटना में हुए जो संवाद और विचार हैं उनको पढ़ने का सुख पाठक उठाएँगे और महसूस करेंगे कि खुले दिमाग़ वाले किस तरह दूसरे के विश्वास और मनौतियों का आदर करते हैं और अपनी बात कहने में डरते भी नहीं हैं। ज़ैदी जाफ़र रज़ा ने इस अध्याय को इतिहास की छाती से उठा कहानी का रूप दे बड़ा काम किया है। इसमें जो ताज़गी आई है उसकी आज के संदर्भ में बहुत ज़रूरत है। शायद इसी बहाने दिमाग़ों पर पड़ी धूल साफ़ हो सके।

संग्रह की पंद्रह कहानियों से गुज़रते हुए यह अहसास मन में जागा कि यह संग्रह किस दृष्टि से महत्त्वपूर्ण है और मैं क्यों इस पर लिखने के लिए क़लम तलाश कर रही हूँ। क्या 'सोमवीर' ने मुझे प्रेरित किया या 'ख़दीजा की वापसी' ने या फिर 'संजोग' ने या 'मकान' अथवा 'काली चींटी' ने? इस तरह की कहानियाँ तो हर देशकाल में लिखी जाती रही हैं और हर लेखक के खाते में ढूँढ़ने से दो-चार मिल भी जाएँगी, तो फिर ऐसी कौन-सी ख़ास बात है जो मुझे पसंद आ गई?

इस समय लिखी जा रही कहानियों पर नज़र डालती हूँ तो उनमें कई तरह की बेचैनियाँ साफ़ नज़र आती हैं जिनमें सांप्रदायिक समस्या एक अहम विषय है, जिसमें दंगा, फ़साद, ख़ूनख़राबा, तबाही के प्रति ख़ासा आक्रोश उभरा नज़र आता है। मिल-जुलकर रहने की आशा का अक्स भी उभरता है जो ज़ैदी की कहानियों में मौजूद है, मगर एक अलग रंग में और यह रंग ही मुझे इन कहानियों का विशेष गुण लगा हो?

और वह गुण है बिना पक्षपात के, बिना अपना लेखकीय अधिकार दिखाते हुए उन्होंने पात्रों को, घटनाओं और संवादों को बहुत सच्चे और सहज रूप से काग़ज़ पर उतारा है। उनकी यह ख़ूबी मेरी चारों पसंदीदा कहानियों में इस तरह उभरी है जिसने शब्दों का खोया विश्वास वापस दिया है, जिसने बाक़ी कहानियों के बौद्धिक वार्तालाप को ज़्यादा अर्थपूर्ण और सशक्त बनाया है और समस्या को जड़ से पकड़ उसके रेशे-रेशे अलग करने की कोशिश की है। मेरे विचार से ये कहानियाँ बहुत-से बिगड़ैल सोच वालों को बहुत कुछ सोचने पर मजबूर करेंगी। काश! इस तरह की ऐतिहासिक परिप्रेक्ष्य में लिखी और कहानियाँ संग्रह में होतीं तो इतिहास के और अध्याय खुलते, जो हमें आगे नहीं बल्कि पीछे मुड़कर भी देखने पर मजबूर करते।

—नासिरा शर्मा

डी-37/754
छतरपुर पहाड़ी, नई दिल्ली-74

अनुक्रम

सोमवीर

उस दिन पूरे अस्पताल में अँधेरा था। वार्ड में कुल बत्तीस मरीज़ थे। मरीज़ तो वास्तव में दस-बारह ही थे। बाक़ी कुछ लोग बूढ़े मरीज़ों की देखभाल के लिए रखे गए थे, कुछ अस्पताल के डॉक्टरों के राइटर के रूप में रहते थे। उनके अतिरिक्त दो-एक नंबरदार थे जिनका काम बैरकों से आने वाले मरीज़ को उसके बेड पर पहुँचाना और वार्ड के गंभीर मरीज़ों को शहर के राजकीय अस्पताल में भेजने के लिए गार्ड के सुपुर्द करना था। अस्पताल के रसोईघर और भंडारे की ज़िम्मेदारी भी इन्हीं नंबरदारों की थी। मरीज़ों में कुछ ऐसे बंदी भी थे जो बैरक की सड़ी गरमी बर्दाश्त न कर पाने के कारण डॉक्टर साहब को हज़ार-पाँच सौ दे-दिलाकर महीने-दो महीने के लिए वार्ड में आ जाते थे। ये खाते-पीते घर के लोग थे, इसलिए इनका खाना भी स्पेशल बन जाता था। फिर हफ़्ता-पंद्रह दिन पर ये अधिकारियों की दावत भी कर देते थे जिससे इनका अच्छा ख़ासा रोब-दाब था। बंदी रक्षक इनके लिए दौड़-दौड़कर शहर से इनकी ज़रूरत की सामग्री ला दिया करते थे।

वैसे तो वार्ड में बिजली बहुत कम जाती थी और एग्ज़ास्ट कूलर की शानदार हवा माहौल को ठंडा रखती थी। पर आज लगभग एक घंटा हो गया था और बिजली आने का नाम नहीं ले रही थी।

"इस सा··· जेलर ने अपना जेनरेटर तो चला दिया होगा और माद···सपरिवार अपने बँगले में लेटा मज़े कर रहा होगा। सा···अस्पताल का जेनरेटर क्यों नहीं चलवाता?" अँधेरे में अमरजीत की आवाज़ गूँजी जिसका बेड एग्ज़ास्ट कूलर के ठीक सामने था।

नंबरदार जमील अमरजीत का ख़ास चमचा था। जब से अमरजीत वार्ड में आया था, नंबरदार सुबह-शाम उसके साथ तर माल उड़ाया करता था।

"अबे कल्लन!" नंबरदार ने ज़ोरदार हाँक लगाई।

कल्लन नंबरदार का आशय समझ गया। हड़बड़ाकर अपने बेड से उठ खड़ा हुआ और यांत्रिक गति से खिड़की के पास जाकर 'चीफ़ साब! चीफ़ साब!' चिल्लाने लगा।

जेल में बंदी रक्षक को चीफ़ साब ही कहा जाता था। बिजली की रिपोर्ट लगाने के लिए 'चीफ़ साब' को आवाज़ देना ज़रूरी था। कुछ ही देर में चीफ़ साहब बरामदे में खुलने वाली खिड़की के सामने आकर खड़े हो गए।

"भो···· वाले सुनते ही नहीं, दो बार रिपोर्ट लगा चुका हूँ।" चीफ़ साहब ने अमरजीत को अपनी कारगुज़ारी की सूचना दी और इधर-उधर की चिकनी-चुपड़ी बातें करने लगे।

वार्ड के दूसरे कोने वाले बेड से जो शौचालय के दरवाज़े से क़रीब था, अचानक एक तेज़ कराह की डरावनी आवाज़ सुनाई दी और फिर किसी के गिरने की आहट-सी महसूस हुई।

नंबरदार ने करीम को पुकारा, "ज़रा देखना तो, लगता है सोमवीर नीचे गिर गया।"

करीम ने रोशनी के लिए लाइटर जलाया और भी कई लाइटर एक साथ जल गए। वार्ड में बीड़ी पीने वालों की कमी नहीं थी। बंदी रक्षक दस रुपये में आसानी से दो लाइटर ला दिया करते थे। 502 के दो बंडल भी दस रुपये में मिल जाते थे। फिर किसी बंदी की जब मुलाक़ात आती थी तो साग-सब्ज़ी, घी-तेल के साथ बीड़ी के दस-बीस बंडल भी आ जाते थे। बैरकों में दबंग बंदियों के अपने भट्ठे जलते थे। जेल के खाने में रोटी के साथ पानी की तरह पतली उड़द की दाल या जेल में उगने वाली कोई सब्ज़ी होती थी। मनपसंद भोजन और छौंक-बघार के लिए भट्ठे जलाना ज़रूरी था। हाँ, कोई एड़ा-बेड़ा डिप्टी ड्यूटी पर आ जाए तो बात और है।

करीम ने लाइटर की रोशनी में देखा कि सोमवीर बेड के नीचे ज़मीन पर नंग-धड़ंग बेहोश पड़ा है। घबराकर उसने राइटर को आवाज़ दी।

डॉक्टर साहब के राइटर हरिहर प्रसाद तीन साल से इसी वार्ड में रहते थे। उल्टी, दस्त, बुख़ार आदि की गोलियाँ रात में उन्हीं के पास रहती थीं। कहने के लिए अस्पताल में तीन-तीन फ़ार्मासिस्ट थे, पर दवाओं के साथ इंजेक्शन लगाना और ग्लूकोज़ के ड्रिप चढ़ाना भी हरिहर प्रसाद का ही काम था। जिस बंदी को ड्रिप चढ़ाई जाती थी, वह मन ही मन अपने आप को भाग्यशाली समझता था। उसकी हालत को गंभीर समझते हुए उसकी बैरक से दो-चार मित्र उसे देखने अस्पताल आ जाते थे। हरिहर प्रसाद इन बंदियों की दृष्टि में किसी डॉक्टर से कम नहीं थे। फिर जेल के डॉक्टर साहब भी उनकी बात बहुत मानते थे। इसलिए उन्हें खुश रखना बंदियों के लिए बहुत ज़रूरी था।

हरिहर प्रसाद ने अपनी टॉर्च उठाई। 'हे राम' कहते हुए एक लंबी साँस ली फिर

धीरे-धीरे चलते हुए सोमवीर के बेड के पास पहुँच गए। टॉर्च की तेज़ रोशनी में छह-फुटा सोमवीर पूरा नहा गया। औंधा ज़मीन पर पड़ा हुआ उसका शरीर बेजान और बेदम-सा लगा। करीम की मदद से हरिहर प्रसाद ने उसे सीधा किया। सोमवीर के शरीर का सारा मांस गल चुका था। केवल हड्डियों का एक ढाँचा-भर शेष था।

"फेफड़े का रोग होता ही ख़तरनाक है।" बुदबुदाते हुए हरिहर प्रसाद ने झुककर सोमवीर की नब्ज़ देखी। संतोष नहीं हुआ तो उसके सीने पर अपना कान रखकर उसकी धड़कनें सुनने की कोशिश की। मुँह से एक शब्द भी नहीं बोले। इस समय तक बाहर का ताला खोलकर चीफ़ साहब भी भीतर आ चुके थे।

हरिहर प्रसाद आहिस्ता से चीफ़ साहब को एक कोने में ले गए। "डॉक्टर साहब को अर्जेंट रिपोर्ट लगा दो। मुझे नहीं लगता कि इसमें कुछ बचा है।" उन्होंने फुसफुसाकर चीफ़ साहब से कहा।

पंद्रह-बीस मिनट में डॉक्टर साहब आ गए। उनके साथ डिप्टी साहब भी थे। बिजली भी आ गई थी और अस्पताल में हर तरफ़ रोशनी फैल गई थी। डॉक्टर साहब ने आला लगाकर सोमवीर को अच्छी तरह देखा। फिर आँखों-आँखों में डिप्टी साहब से उनकी कुछ बातें हुईं। डॉक्टर साहब के कमरे में थोड़ी-बहुत लिखा-पढ़ी हुई। जल्दी-जल्दी सोमवीर को स्ट्रेचर पर उठाया गया और एम्बुलेंस में लिटाकर एक गार्ड के साथ शहर के राजकीय अस्पताल भेज दिया गया।

हरिहर प्रसाद और नंबरदार को इस पूरी भाग-दौड़ में एक घंटा लग गया। अस्पताल में जब ये अपने बेड पर पहुँचे तो घड़ी में बारह बज रहे थे। अधिकतर मरीज़ सो चुके थे।

हरिहर प्रसाद ने ज़िंदगी के चालीस वर्ष पूरे कर लिए थे और घर से लेकर सेना में भरती होने और गाँव के झगड़े में दो पट्टीदारों के सीने में गोलियाँ उतार देने के अपराध में आजीवन कारावास की सज़ा सुनाए जाने तक उनके हृदय की धड़कनें न जाने कितनी बार किसी पेनाल्टी स्ट्रोक की बॉल की तरह गोलपोस्ट से टकराकर लौट आई थीं। आज उनकी मनःस्थिति कुछ अलग थी। सोमवीर का पूरा व्यक्तित्व उनकी धड़कनों के बीच किसी बेमुँहे फोड़े की तरह टपक रहा था।

दस वर्ष पूर्व हरिहर प्रसाद जब सेंट्रल जेल की बैरक नंबर तीन में आए थे तो जेल के लगभग सभी अधिकारी सोमवीर के नाम से घबराते थे। वह सही मायने में एक जाट फ़ौजी था। छह फ़ीट तीन इंच के लंबे क़द और तेज से भरे गोरे सुर्ख़ मुखड़े पर उसकी घनी काली मूँछें उसकी आँखों की चमक में पैनापन पैदा कर देती थीं। रानीपाल से धुले सफ़ेद कुरते-पाजामे में उसका रोबीला डील-डौल सामने वाले की

साँस खींच लेता था। किसी भी बंदी के साथ होने वाला अत्याचार उसे बिलकुल बर्दाश्त नहीं था। उसकी बैरक के एक क़ैदी को जिसकी मशक़्क़त बगिया कमान में थी, एक कच्ची भिंडी तोड़कर खाने के अपराध में डिप्टी जेलर ने जब पिटाई कर दी थी तो सोमवीर का पारा कई डिग्री ऊपर चढ़ गया था। उसने डिप्टी जेलर को ऐसा भरपूर थप्पड़ जमाया था कि वो भहराकर गिर गए थे और उन्हें तीन दिन की छुट्टी लेकर अपने सूजे हुए मुँह का इलाज कराना पड़ा था।

सारे बंदी सोमवीर के साथ थे। इसलिए डिप्टी जेलर ने मामले को दबा देने में ही भलाई समझी थी। हाँ, एक नुकीली फाँस थी जो उनके भीतर कहीं गहरी चुभ गई थी। स्वस्थ होकर जब डिप्टी साहब ड्यूटी पर लौटे तो कई बंदियों की उपस्थिति में उन्होंने सोमवीर से अपनी ग़लती की क्षमा माँग ली थी। सोमवीर उनकी इस आत्मस्वीकृति पर पूरी तरह पिघल गया था और उनके प्रति अपने मन का सारा मैल उसने साफ़ कर दिया था।

इस घटना को अभी अधिक समय नहीं बीता था कि एक दिन अचानक रात को सोमवीर को बहुत तेज़ बुख़ार चढ़ गया। बैरक के साथियों ने उसे अस्पताल में दाख़िल कर दिया। डिप्टी साहब को जब यह सूचना मिली तो पहली फ़ुरसत में वो सीधे सोमवीर के बेड पर पहुँच गए।

"घबराने की कोई बात नहीं, दो-चार दिन में तुम बिलकुल ठीक हो जाओगे। मैं अभी डॉ० जैन से बात करूँगा कि वे तुम्हारा विशेष ध्यान रखें।" डिप्टी साहब की बातों से सोमवीर को बहुत संतोष हुआ।

डिप्टी साहब ने डॉक्टर जैन से क्या बातें कीं, इसकी भनक किसी को नहीं लगी। पर इतना ज़रूर हुआ कि और मरीज़ों को हरिहर प्रसाद से इंजेक्शन लगवा दिया जाता था और सोमवीर को इंजेक्शन लगाने के लिए दिन में दो बार डॉक्टर साहब स्वयं आते थे।

आठ-दस दिनों में सोमवीर का बुख़ार उतर गया था। पर कमज़ोरी इतनी बढ़ गई थी कि अपने पैरों पर खड़े हो पाना भी उसके लिए मुश्किल था। डॉ० जैन ने उसके लिए अस्पताल से दो अंडे, आधा किलो सेब और आधा किलो दूध रोज़ाना देने का आदेश जारी कर दिया था। लेकिन वह जो कुछ भी खाता, थोड़ी ही देर में उल्टी कर देता था। इन्हीं दिनों करीम को उसकी देखभाल के लिए वार्ड में रखा गया था। सोमवीर को नहलाना, धुलाना, पेशाब-टट्टी इत्यादि कराना और उसके बेड की सफ़ाई की ज़िम्मेदारी करीम की थी।

धीरे-धीरे सोमवीर की हालत इतनी बिगड़ गई कि लौटकर अपनी बैरक में जाना

उसे नसीब नहीं हुआ। एक साल के भीतर उसका कसरती शरीर घुल चुका था। आँखें भीतर धँस गई थीं और गाल की हड्डियाँ उभर आई थीं। जैन साहब का तबादला हो चुका था और उनकी जगह दूसरे डॉक्टर आ गए थे। नए डॉक्टर ने जाँच के लिए सोमवीर को कई बार शहर के राजकीय अस्पताल में भेजा। उसका फेफड़ा ख़राब हो चुका था और लीवर के दो-तीन सेल क्षतिग्रस्त हो गए थे। इस तरह पिछले सात-आठ वर्षों से सोमवीर अस्पताल में ही साँस ले रहा था।

हरिहर प्रसाद का गाँव सोमवीर के गाँव से लगा हुआ था। आसपास के कई गाँवों के जवान फ़ौज में नौकरी करते थे। उच्च शिक्षा में अधिक रुचि न होने के कारण कप्तान और मेजर तो कोई नहीं था। हवलदार और नायक होना भी इनके लिए कम गौरव की बात नहीं थी। सोमवीर उम्र में हरिहर प्रसाद से दो-चार वर्ष बड़ा था। उसके पिता का निधन उसके फ़ौज में भरती होने से पहले हो चुका था। बड़ा भाई पत्नी और बच्चों के साथ दिल्ली में रहता था। गाँव में सोमवीर की सुंदर-सी पत्नी अपनी सास के साथ रहती थी। खाने-पीने की कमी नहीं थी। पक्का मकान था। खेत-ज़मीन के अलावा सोमवीर हर महीने मनीऑर्डर से रुपये भेजता रहता था। फ़ौज में छुट्टियाँ बहुत कम मिलती थीं। फिर भी सोमवीर वर्ष में दो-एक बार गाँव आने का अवसर निकाल ही लेता था। पत्नी के प्रति उसका लगाव इतना अधिक था कि उसका बस चलता तो एक दिन के लिए भी वह उससे अलग न होता।

एक बार वह बिना किसी पूर्व सूचना के गाँव पहुँचा। उसका विश्वास था कि अचानक उसे देखकर माँ और पत्नी की ख़ुशी का कोई ठिकाना नहीं होगा। पत्नी के लिए उसने गुलाबी सिल्क की साड़ी और उसी से मेल खाती शॉल ख़रीदी थी। माँ की पसंद की दो साड़ियाँ भी वह अपने साथ लाया था। सोने की एक चेन बनवाने की पत्नी की ज़िद थी। उसने सोच रखा था कि इस बार फ़सल के जो रुपये मिलेंगे, उससे पत्नी की यह मनोकामना भी पूरी कर देगा।

घर पहुँचते-पहुँचते सुबह के पाँच बज चुके थे। उजाला अपनी अधखुली आँखों से ज़मीन की ताज़ा हरियाली देखने की कोशिश कर रहा था। कुहरा भी अपने झीनेपन के साथ वातावरण में मौजूद था। सोमवीर ने बीस-पच्चीस गज़ की दूरी से साफ़ देखा कि चौधरी का बेटा उसके घर के बाहरी दरवाज़े से निकलकर पास की गली की ओर तेज़ी से मुड़ गया। चौधरी का बेटा बचपन से ही उसके घर आता-जाता था। अम्मा उसका विशेष ख़याल रखती थीं। सोमवीर इतनी सुबह उसे देखकर पहले चौंका, फिर उसने मन में सोचा कि कोई ज़रूरी संदेश देने आया होगा।

घर का बाहरी दरवाज़ा खुला हुआ था इसलिए कुंडी खटखटाने की आवश्यकता

नहीं पड़ी। एकदम से चौंका देने के उत्साह में वह दबे पाँव सीधा पत्नी के कमरे की ओर बढ़ता चला गया। दरवाज़े पर पहुँचकर उसने जो कुछ देखा, उसे अपनी आँखों पर विश्वास नहीं हुआ। पत्नी के शरीर पर केवल एक पेटीकोट था और वह चारपाई से अँगिया उठाकर पहनने जा रही थी। साड़ी और ब्लाउज़ पलंग के नीचे ज़मीन पर पड़ा हुआ था। कुछ आहट पाकर पत्नी ने पलटकर दरवाज़े की ओर देखा और सकपकाकर रह गई। स्वागत-सत्कार की बात तो दूर रही, उसके शरीर का सारा रक्त जम गया। सोमवीर का हाथ यंत्रवत् दोनाली बंदूक पर गया और उसने तड़ातड़ दो गोलियाँ पत्नी के निर्वस्त्र सीने पर दाग दीं।

अदालत ने सोमवीर को भले ही अपराधी ठहराया हो और उसके लिए आजीवन कारावास का दंड सुना दिया हो, सोमवीर को कोई पश्चात्ताप नहीं था। उसने अपने संस्कारों की अदालत में जो फ़ैसला किया था, उससे वह पूरी तरह संतुष्ट था।

हरिहर प्रसाद के दिमाग़ में इसी तरह की न जाने कितनी बातें चक्कर काट रही थीं। वह उस समय चौंक पड़ा, जब वार्ड के दरवाज़े का ताला खोलकर बंदी रक्षक मरीज़ों को उठा रहा था। सुबह के साढ़े पाँच बज चुके थे। कुछ मरीज़ बंदी रक्षक को घेरकर फुसफुसाहट के स्वर में बातें कर रहे थे। हरिहर प्रसाद ने बेड से उठना चाहा। उन्हें अपना शरीर इतना भारी महसूस हुआ, जैसे अपना बोझ उठा पाना भी उनके लिए मुश्किल हो। बाहर खुले मैदान में एक बंदी पूरी आवाज़ से करुणा स्वर में गा रहा था :

कबिरा कहा गरबियो, काल गहे कर केस।
ना जानौं कहँ मारिहै, कै घर कै परदेस।।

बधाई

प्रोफ़ेसर अख़्तर हुसैन ने न्यूयॉर्क में अपने बेटे को फ़ोन किया और उसे शादी की बधाई दी। साथ ही वह कविता भी पढ़कर सुनाई जो इस अवसर पर उन्होंने अभी कुछ देर पहले अपने पलंग पर लेटे-लेटे लिखी थी। बेटे को बहुत संतोष हुआ कि उसके अब्बू दक़ियानूसी विचारधारा के नहीं हैं और एक जापानी मूल की अमेरिकन लड़की से हुई उसकी शादी पर मुबारकबाद दे रहे हैं।

अख़्तर साहब के साथ उनकी दो भतीजियाँ रहती थीं जो इस वक़्त अपने-अपने कॉलेज पढ़ाने गई थीं। उनकी पत्नी बहुत पहले दो छोटे-छोटे बच्चों को छोड़कर इस दुनिया से चल बसी थीं। बच्चों की अच्छी देखभाल के ख़याल से अख़्तर साहब ने दूसरी शादी नहीं की थी। और यह उनके पालन-पोषण का ही नतीजा था कि बेटा अमेरिका की एक नामी यूनिवर्सिटी में प्रोफ़ेसर था और बेटी दिल्ली में एक बड़े पद पर कार्य कर रही थी। रिटायर होने के बाद अख़्तर साहब ने सोचा था कि वह दिल्ली चले जाएँगे और वहीं रहेंगे। लेकिन दस वर्ष पहले उन्होंने जो मकान बनवा लिया था, उसका मोह उन्हें लखनऊ में रोके हुए था।

बेटे से फ़ोन पर बातें ख़त्म करके जब अख़्तर साहब ने मोबाइल बंद किया तो उनकी आँखों से आँसुओं की कई बूँदें टप-टप उनके कुरते पर गिर पड़ीं। अच्छा था कि इस समय वो अकेले थे और किसी ने उनकी भीगी और नम आँखें नहीं देखीं। वैसे भी उन्होंने अपने परिवार के मध्यवर्गीय संस्कारों को ध्यान में रखते हुए बेटे की शादी की बात किसी को नहीं बताई थी।

अख़्तर साहब का संबंध इलाहाबाद के एक शिया-सैयद परिवार से था जिसमें रोज़ा, नमाज़, नज़र-फ़ातिहा, मजलिस-मातम और मुहर्रम की ख़ास अहमियत थी। लखनऊ शियाओं का गढ़ था। लेकिन इस्लामी दर्शन के प्रोफ़ेसर होने के बावजूद अख़्तर साहब शिया-सुन्नी लफ़ड़े से बहुत दूर थे। तसव्वुफ़ में उनकी विशेष रुचि थी और इब्ने अरबी के एकत्ववादी दर्शन से ख़ास लगाव रखते थे। नमाज़ पढ़ते उन्हें किसी ने ईद-बक़रीद पर भी नहीं देखा था। नमाज़ उनकी दृष्टि में दीन की भाषा का व्याकरण थी। उनकी स्पष्ट धारणा थी कि भाषा आ जाने पर व्याकरण की आवश्यकता

नहीं रह जाती। उनके इन विचारों से शिया-सुन्नी दोनों ही वर्ग उनसे नाराज़ थे। उनका मानना था कि लिंटर डालने के लिए पहले लकड़ी के पटरे लगाए जाते हैं और जब लिंटर पक्का हो जाता है तो पटरे हटा लिए जाते हैं। जिस व्यक्ति को इस्लाम की 'आत्मा के दर्शन हो जाते हैं, उसकी दिनचर्या नमाज़ बन जाती है।' अख़्तर साहब के बड़े भाई उनकी बातों में कुफ़्र की झलक देखते थे।

जेब से रूमाल निकालकर अख़्तर साहब ने आँसू पोंछे और वाशबेसिन पर जाकर छप-छप चेहरे पर पानी के छीटें मारे। आईने में ख़ुद को देखा और थोड़ा मुस्कराए। फिर वार्डरोब से तस्वीरों की एक मोटी एलबम निकाली और पलंग पर पहले की तरह रज़ाई में घुसकर उसे पलटने लगे।

तीस वर्ष पहले की तस्वीर! ऊटी की झील में पत्नी और एकवर्षीय बेटे के साथ नाव की पतवार सँभाले ख़ुद को देखकर उस यात्रा का एक-एक चित्र आँखों के सामने घूम गया। सिर के घने बाल काले तो काफ़ी हद तक अब भी थे लेकिन उनका घनापन रुख़सत हो चुका था। आँखों में पहले जैसी चमक भी शायद अब नहीं थी।

ख़तने और अक़ीक़े (मुंडन) की रस्मों की तस्वीरों ने अख़्तर साहब को बेटे के अतीत की ओर ढकेल दिया। माँ के निधन के बाद से कितना चुप-चुप-सा रहने लगा था वह। नौ वर्ष की अवस्था से ही सुबह ठीक छह बजे अब्बू के लिए चाय बनाकर लाना उसका रोज़ का काम था। घर पर कोई मेहमान आ जाए तो किचेन में गैस के स्टोव की ऊँचाई तक ठीक से न पहुँच पाने के बावजूद प्लास्टिक के पीढ़े पर खड़े होकर चाय बनाना और फिर प्यालियों में उड़ेलकर मीठे और नमकीन के साथ ट्रे में सजाकर लाना उसका ऐसा काम था कि मेहमान भी आश्चर्यचकित रह जाता था। अख़्तर साहब ने बहुत कोशिश की कि कोई ढंग का नौकर मिल जाए जो नाश्ते-खाने की ज़िम्मेदारियाँ सँभाल ले। लेकिन ईमानदार नौकर या मुलाज़िमा का मिलना मुमकिन नहीं हुआ। नाश्ता और खाना अख़्तर साहब स्वयं बना लिया करते थे और दोनों बच्चे यथासंभव उनकी मदद भी कर दिया करते थे। पर काम कुल इतना ही तो था नहीं। हाँ, सब मिलकर काम इस तरह सँभाल लेते थे कि नौकर की कमी का बहुत ज़्यादा अहसास नहीं होता था। और इसी तरह दिन गुज़रते गए और बच्चे बड़े हो गए।

बेटे ने आई०आई०टी० कानपुर से जब बी०टेक० में टॉप किया तो अख़्तर साहब यह सोचकर बहुत खुश हुए कि उनके सारे सपने पूरे होते दिखाई दे रहे हैं। बेटी भी लखनऊ के एक अच्छे इंजीनियरिंग कॉलेज से बी०टेक० का दूसरा वर्ष कर चुकी थी। रिज़ल्ट आने से पहले ही दिल्ली की एक मल्टीनेशनल कंपनी में बेटे ने

सॉफ़्टवेयर इंजीनियर की हैसियत से ज्वाइन कर लिया था। अख़्तर साहब को पूरा विश्वास था कि उनका बेटा अगर आई०ए०एस० की परीक्षा में बैठेगा तो निश्चित रूप से टॉप करेगा। वह उस दिन बहुत उदास हो गए थे जब बेटे ने फ़ोन पर उनसे कहा था, "आई०आई०टी० के थर्ड रेटर्स आई०ए०एस० में बैठते हैं। मुझे स्टेट्स जाकर और पढ़ना है। आई०ए०एस० अधिकारी की हैसियत एक ख़ुशहाल बाबू से ज़्यादा नहीं। जाहिल और उजड्ड मंत्रियों के तलवे जो आई०ए०एस० जितना अधिक सहलाने की सलाहियत रखता है, उतनी ज़्यादा तरक़्क़ी करता है।"

बेटे की इन बातों में कितनी ही सच्चाई क्यों न रही हो, अख़्तर साहब के लिए भावनाओं के सामने तर्क का कोई महत्त्व नहीं था। वह बराबर सोचा करते कि ख़ानदान में अगर कोई एक भी आई०ए०एस० हो जाए तो पूरे ख़ानदान का नक़्शा ही बदल जाए। लेकिन वो बेटे को आगे पढ़ने से रोकना भी नहीं चाहते थे। एक बड़ी स्कॉलरशिप का ऑफ़र मिलने पर बेटा अमेरिका चला गया। अख़्तर साहब उसे छोड़ने दिल्ली एयरपोर्ट तक गए। उसे विदा करते समय दूसरों की उपस्थिति भी उनकी आँखों से आँसुओं का प्रवाह नहीं रोक सकी।

अख़्तर साहब जब लखनऊ लौटकर आए तो भीतर-भीतर पूरी तरह टूट चुके थे। उन्होंने देखा था कि उनके मित्रों के जो बच्चे अमेरिका गए, उनमें से अधिकतर वहीं सेटिल हो गए। अकेलेपन के अहसास की लहर हर वीकएंड पर बेटे का फ़ोन आ जाने से कुछ कम ज़रूर हो जाती थी। फिर बेटी जब तक साथ थी, उनके दुःख-सुख का इतना अधिक ध्यान रखती थी कि अख़्तर साहब सुबह-शाम उसी का गुन गाया करते थे। लेकिन एक दिन बेटी भी दिल्ली चली गई और वह सचमुच अकेले हो गए। भतीजियों की वजह से उन्हें नाश्ता-खाना समय पर ज़रूर मिल जाता था, पर ममत्व-भरी अधिकार-भावना जैसे क्षीण पड़ती जा रही थी। दो समय की चाय के अतिरिक्त जब उनकी चाय पीने की इच्छा होती, चुपचाप किचेन में चले जाते और चाय बना लाते।

बेटे के जाने के लगभग डेढ़ वर्ष बाद अख़्तर साहब को एक वैदिक अंतर्राष्ट्रीय संगोष्ठी में फ़्लोरिडा जाने का अवसर प्राप्त हुआ। वहाँ से न्यूयॉर्क जाकर बेटे से मिलने के मोह ने उनकी बाईस घंटे की हवाई यात्रा को सरल और सहज बना दिया। मियामी के कुछ भारतीय मूल के रत्न व्यापारियों ने विश्वविद्यालय के भारतीय प्रोफ़ेसरों के साथ मिलकर इस संगोष्ठी का आयोजन किया था। अख़्तर साहब को यह देखकर बहुत आश्चर्य हुआ कि उनकी पीढ़ी के लोग अपनी संतानों के बीच से निरंतर फिसलती जा रही भारतीय संस्कृति और हिंदू आस्था की पीड़ा से ग्रस्त हैं।

उन्हें अपना दर्द उनके दर्द से कुछ अलग नहीं दिखाई दिया।

वैसे तो न्यूयॉर्क में बेटे ने उनका विशेष ध्यान रखा। भारतीय खाना ख़ास तौर से उनके लिए घर पर मँगवा दिया करता था ताकि वे ठीक से भोजन कर सकें। फिर भी अमरीकी ज़िंदगी में कहीं ठहराव न पाकर वह दो-तीन दिनों के भीतर ही ऊब गए। सब कुछ इतना औपचारिक था कि लखनऊ का अकेलापन उससे कहीं ज़्यादा बेहतर महसूस हुआ।

इलाहाबाद से लखनऊ आए हुए अख़्तर साहब को तैंतालीस वर्ष हो चुके थे। उन्हें इस बीच कभी अहसास नहीं हुआ कि मुसलमान होने की वजह से उनके साथ कहीं अनादरपूर्ण व्यवहार किया जाता है। भारत में होने वाले बड़े-बड़े दंगों ने भी उनके जीवन में कभी ज़हर नहीं घोला। पर 9/11 के आतंकवादी हमले के बाद जब बेटे ने उनसे फ़ोन पर कहा, "अब्बू, आपने मेरा नाम ख़ालिस मुसलमानों जैसा रख दिया है। मुझे यहाँ बड़ी परेशानी होती है।" तो अख़्तर साहब स्तब्ध रह गए।

उत्तर में अख़्तर साहब ने केवल इतना ही पूछा, "बेटे, क्या तुम मुसलमान नहीं हो?"

"मुसलमान होना और मुसलमानों जैसा होना, दो अलग-अलग बातें हैं। क्या आप दोनों में अंतर महसूस नहीं करते?" बेटे ने बड़ी शालीनता से प्रश्नवाचक मुद्रा में जवाब दिया।

अख़्तर साहब को महसूस हुआ कि बेटा बिलकुल ठीक कहता है। नबीश्री के ज़माने में अरब के मुसलमानों और काफ़िरों के नामों में कोई अंतर नहीं था। अबूबक्र, उमर, उस्मान, अबूसुफ़ियान, मुआविया इत्यादि ने इस्लाम स्वीकार करने के बाद अपने नाम नहीं बदले, हज़रत सफ़िया यहूदी थीं। नबीश्री से विवाह के बाद भी उनका नाम वही रहा। फिर आज मुसलमान अपना नाम कुछ अलग-थलग क्यों रखना चाहते हैं? अख़्तर साहब उस दिन सारी रात नहीं सो सके थे। मुस्लिम आतंकवाद को जेहाद मानना उनकी समझ के बाहर था। उन्हें लगता था कि इन तथाकथित जिहादियों को कहीं न कहीं मुल्लाओं की शह ज़रूर मिली हुई है, अन्यथा इस प्रकार मुस्लिम आतंकवाद को पनपने का अवसर न मिलता। अपने देश में भी मुल्लाओं का जो तौर-तरीक़ा वो देखते थे, उससे उनका मन पूरी तरह खिन्न था। उन्हें उस दिन अनायास ही बुख़ारी शरीफ़ की वह हदीस याद आ गई थी जिसमें पैग़ंबर साहब ने कहा था कि "मेरे बाद तुम देखोगे कि कुछ लोग ऐसे होंगे जिनकी नमाज़ों और रोज़ों की तुलना में तुम्हें अपनी नमाज़ें और रोज़े तुच्छ लगेंगे किंतु इस्लाम उन लोगों के गले के नीचे नहीं उतरेगा।" अख़्तर साहब ने यह सोचकर संतोष कर लिया था कि ये जिहादी

शायद ऐसे ही मुसलमान हैं, जिनकी आत्माएँ इस्लाम की सुगंध से वंचित हैं।

घड़ी में दोपहर के दो बज रहे थे और भतीजियों के कॉलेज से आने का समय हो रहा था। अख़्तर साहब ने तस्वीरों की एलबम उठाई और वार्डरोब में रखने जा ही रहे थे कि घर की घंटी बजी। जल्दी-जल्दी वार्डरोब में ताला लगाया और बाहर का दरवाज़ा खोला।

उनकी भतीजी ने उन्हें देखते ही सवाल किया, "क्या बात है? तबीयत तो ठीक है? इतने परेशान से क्यों लग रहे हैं?"

अख़्तर साहब ने मुस्कराने की कोशिश करते हुए कहा, "मैं बिलकुल ठीक हूँ। परेशानी की भला क्या बात हो सकती है?"

तीन बजे दोपहर का खाना खाने के बाद अख़्तर साहब सो गए। भतीजियाँ भी आराम करने के लिए अपने-अपने कमरों में चली गईं।

शाम को साढ़े पाँच बजे जब एक भतीजी चाय लेकर आई और उसने अख़्तर साहब को उठाना चाहा तो उनकी शांत मुद्रा में कोई अंतर नहीं आया। उसने घबराकर बहन को आवाज़ दी। अख़्तर साहब को उठाने की बहुत कोशिश की गई किंतु उनका शरीर ठंडा पड़ चुका था। पलंग पर पड़ी हुई डायरी का वह पृष्ठ अब भी खुला हुआ था जिससे सुबह बेटे की शादी की बधाई देने के बाद अख़्तर साहब ने कविता सुनाई थी।

ख़दीजा की वापसी

"घर में तीन-तीन बेटियाँ जवान हो रही हैं और उनकी शादी की इन्हें ज़रा भी फ़िक्र नहीं।" भाभीजान ने अपने पतिदेव की तरफ़ इशारा करते हुए कहा, जो आँगन में दूर एक कुर्सी पर बैठे अख़बार पढ़ रहे थे। फिर ज़रा ठहरकर बोलीं, "अरे, तुम तो लखनऊ में रहते हो, वहाँ एक से एक अच्छे लड़के होंगे। कहीं बात क्यों नहीं करते।"

मैं भाभीजान की बात का भला क्या जवाब देता। वंश, परिवार, शिक्षा, पोस्ट, स्टेटस सभी कुछ तो देखना चाहते हैं भाईजान। फिर लखनऊ के शियाओं में कुछ एक ख़ानदानों को छोड़कर किसी की जात-पाँत का कोई ठिकाना नहीं। बाप-दादा भले ही मामूली जात के रहे हों, उनकी औलादें पैसा आ जाने पर गर्वपूर्वक अपने नाम के साथ सैयद लिखती हैं। और जो वाक़ई सैयद हैं, उनका हाल यह है कि कोई कहीं क्लर्क है, कोई छोटी-मोटी दुकान खोलकर बैठा है। दस-बीस ऐसे परिवार ज़रूर हैं जिनके पास शिक्षा भी है, पद भी है और खरे सैयद भी हैं। लेकिन उनकी सोच इतनी अलग-थलग है कि अपने से कम स्टेटस वालों के यहाँ शादी की बात सोचेंगे भी नहीं। कहने के लिए मैंने भाभीजान से कह दिया, 'जी, मैं ज़रूर कोई लड़का तलाश करूँगा।' लेकिन सच्चाई यह है कि मैं लखनऊ के शियाओं के कट्टरपन की वजह से ज़रा उनसे दूर ही दूर रहता था।

भाईजान की तीनों बेटियाँ नाक-नक़्श, रंग-रूप की दृष्टि से बहुत सुंदर थीं। बड़ी बेटी बनारस विश्वविद्यालय से पी-एच०डी० कर रही थी और ख़ानदान की पहली लड़की थी जो शिक्षा की इस ऊँचाई को स्पर्श कर रही थी। ज़ाहिर है भाईजान उसके लिए जिस तरह के लड़के की तलाश में थे वह कुछ ग़लत भी नहीं था। बाद में दूसरे भाइयों की लड़कियों ने भी एम०ए०, एम०एस-सी०, पी-एच०डी० कर लीं और उनकी शादियाँ भी अच्छे-भले घरों में हो गईं। लेकिन भाईजान की बेटियों की शादी की सुई जहाँ अटकी थी, वहीं अटकी रह गई।

समय गुज़रने के साथ उम्र का पहिया भी आगे बढ़ जाता है। पच्चीस-छब्बीस लाँघ जाने के बाद लड़की की शादी में बड़ी अड़चनें आती हैं। चालीस का लड़का भी बीस की कन्या चाहता है। बड़े शहरों की बात और है। वहाँ तो अपने से बड़ी

लड़कियों के साथ भी लोग खुशी से शादी कर लेते हैं। अच्छी नौकरी और स्टेटस देखकर कितनों की राल टपकने लगती है।

भाईजान की समस्या कुछ अलग थी। जब तक बड़ी बेटी का रिश्ता नहीं होता, छोटे भाई-बहनों के बारे में वे सोच भी नहीं सकते थे। एक बार दूसरे नंबर की बेटी तहमीना के लिए एक अच्छा रिश्ता आया और भाईजान लड़के वालों से अपनी विवशता बताने ही जा रहे थे कि बाजी बीच में कूद पड़ीं। अच्छा-बुरा, ऊँच-नीच समझाकर उन्हें तैयार कर लिया और उसकी शादी धूमधाम से हो गई।

शादी के बाद मध्यवर्गीय संस्कारों में पली-बढ़ी भाभीजान खुश होने के बजाय टूट गईं। "कौन करेगा अब तस्मिया से शादी? लोग कहेंगे उसमें कुछ ऐब ज़रूर था वरना लड़के वालों ने उसको छोड़कर छोटी को क्यों पसंद कर लिया। एक ही वर्ष की तो छुटाई-बड़ाई है दोनों में।" इस प्रकार की सोच भाभीजान को खाए जा रही थी। तस्मिया भाईजान की बड़ी बेटी का नाम था। शादी तो उसकी बहुत पहले हो जाती। लेकिन घर के माहौल को क्या कहा जाए। एक से एक अच्छे रिश्ते आए शुरू-शुरू में। कहीं ख़ानदान में ख़राबी निकाली जाती, कहीं हड्डी में खोट दिखाई दे जाता। कहीं कहा जाता लड़के का रंग बहुत कम है। ग़रज़ कोई न कोई बात ऐसी ज़रूर आ जाती कि बात वहीं ख़त्म हो जाती।

भाभीजान कितने बरसों से हर जुमेरात को मुश्किल कुशा की नज़र करतीं। मुहर्रम में अलम, ताबूत और दुलदुल पर चाँदी के पंजे चढ़ातीं और बड़े ताज़िए पर मन्नत के धागे बाँधतीं। उन्हें अपने आक़ा-मौला से कोई शिकायत नहीं थी बल्कि पूरा विश्वास था कि एक दिन उनकी मेहरबानी ज़रूर होगी।

तस्मिया एक डिग्री कॉलेज में अंग्रेज़ी की प्रवक्ता थी। कपड़े एक से एक अच्छे लेटेस्ट फैशन के पहनती। फ़िल्में देखने का बहुत शौक़ था। जब से घर में कलर टी०वी० आया था, शायद ही कोई फ़िल्म उससे छूटती। अमिताभ की फ़िल्मों की तो दीवानी थी वो। भाईजान को आजकल की फ़िल्मों में कोई दिलचस्पी नहीं थी। उनकी दुनिया दिलीप कुमार और वैजयंती माला तक सिमटी हुई थी। फिर जब से रिटायर हुए थे, दाढ़ी रख ली थी और फ़िल्मों की बात करना भी गुनाह समझने लगे थे। दिन-रात मज़हबी किताबें पढ़ते और पाँच वक़्त की नमाज़ अदा करने के साथ-साथ घंटों दुआएँ पढ़ा करते। बाक़ी जो भी वक़्त बचता, भाभीजान से बहस में निकल जाता।

शुरू-शुरू में भाभीजान चुपचाप उनका लेक्चर सुन लिया करती थीं। शायद अम्मा का ख़ास लिहाज़ था उन्हें। लेकिन इधर अम्मा दुनिया से रुख़सत हुईं, उधर

भाभीजान की आवाज़ खुल गई। तस्मिया अम्मा की बेहद चहेती थी। ऐसी सुघड़ और सुंदर लड़की को भला कौन न चाहता? उसकी शिक्षा, शादी, नौकरी आदि की जो भी बातें होतीं, सब अम्मा और भाईजान के बीच ही सीमित रहतीं। पर जब से अम्मा का निधन हुआ भाभीजान सुबह-शाम तस्मिया की शादी का ज़िक्र छेड़तीं और भाईजान और उनके बीच इतनी तेज़-तेज़ बातें होतीं कि सुनने वालों को लड़ाई का अहसास होता। तस्मिया भी दिन-रात की इस चख़-चख़ से तंग आ चुकी थी। शादी के लिए तस्मिया के मन में ढेरों उमंगें उठतीं। माँ बनने के नर्म और गुदाज़ ख़याल उसे इस तरह गुदगुदाते कि वह बिस्तर पर अकेले लेटी-लेटी हँस पड़ती। लेकिन अब रोज़-रोज़ की इस बहसा-बहसी ने उसके ख़्वाबों के दर बंद कर दिए और उसने खुद को ऊपर से नीचे तक कठोर होते महसूस किया। उसने एक दिन अपने अब्बू-अम्मी से साफ़ कह दिया, "आप लोग आज से मेरी शादी की बात नहीं करेंगे। मैंने इसी तरह रहने का फ़ैसला कर लिया है।"

भाईजान तस्मिया के मज़बूत फ़ैसले को सुनकर वहाँ से चुपचाप उठे और बाहर चले गए। भाभीजान बिलकुल सकते में आ गईं। कहना तो बहुत कुछ चाहती थीं पर जैसे ज़बान से एक शब्द भी फूटने के लिए तैयार न था।

दूसरे दिन से घर के हर सदस्य ने तस्मिया में ज़बरदस्त तब्दीली महसूस की। नमाज़ तो वह पहले की ही तरह पाबंदी से पढ़ती थी। किंतु टी०वी० पर न्यूज़ और डिस्कवरी के अतिरिक्त और कोई चैनल नहीं देखती थी। वेतन का आधा पैसा उसने अपेक्षित पुस्तकों, पत्रिकाओं और सी०डी० पर ख़र्च करना शुरू कर दिया। कंप्यूटर का ज्ञान उसे पहले से था और कभी-कभार साइबर कैफ़े में बैठकर इंटरनेट पर कुछ काम भी कर लिया करती थी। अब उसने एक लैपटॉप भी ख़रीद लिया। भाभीजान उसे इस तरह पैसा फूँकते देखकर कुछ बड़बड़ाती ज़रूर थीं। लेकिन तस्मिया उनकी बातों को अनसुना कर देती थी।

तीन-चार महीने इसी तरह गुज़र गए। तस्मिया को आधी-आधी रात तक लैपटॉप पर काम करते देखकर सभी आश्चर्यचकित रहा करते। भाईजान को तस्मिया की यह तब्दीली बहुत अच्छी लगती थी। वह उसके खाने-पीने का ख़ास ख़याल रखने लगे थे। तस्मिया भी इस्लाम में नारी की भूमिका और महत्त्व जैसे विषय पर घंटों उनके साथ बैठकर वैचारिक आदान-प्रदान करती। भाईजान ने महसूस किया था कि तस्मिया के चेहरे का तेज फिर से लौट आया था और उसकी निश्छल मासूमियत उसकी कोमल और मधुर वाणी में पहले से भी ज़्यादा मुखर हो उठी थी।

एक दिन भाईजान को यह देखकर सुखद आश्चर्य हुआ कि 'हिंदुस्तान टाइम्स'

के मध्य पेज पर तस्मिया का एक बड़ा लेख उसके चित्र के साथ छपा हुआ है। लेख का विषय वही था जिस पर वह अकसर भाईजान से बातचीत किया करती थी और नए-नए गोशों पर अपने मौलिक विचार रखती थी। भाई ने आदि से अंत तक पूरा लेख पढ़ डाला। उनकी आँखों से ख़ुशी के आँसू छलक पड़े थे। उन्होंने बेटी को आवाज़ दी और उसके आने पर उसे प्यार से लिपटा लिया। तस्मिया को आज अपने अब्बू के चेहरे पर जो ख़ुशी दिखाई दी वैसी ख़ुशी इससे पहले उसने कभी नहीं देखी थी।

शाम तक भाईजान के जानने वालों के ढेर सारे फ़ोन आए। कुछ लोगों ने प्रशंसाएँ कीं, कुछ जले-भुने से नज़र आए। धीरे-धीरे शहर के उलेमा तक यह बात फैल गई। मौलाना नियाज़ अहमद क़ादरी के घर पर बैठक बुलाई गई और एक साहब से लेख पढ़वाकर उसका उर्दू तर्जुमा सुना गया।

'नबीश्री का विवाह हज़रत ख़दीजा से हुआ जो उम्र में उनसे पंद्रह वर्ष बड़ी थीं। इस पर किसी को भला क्या आपत्ति हो सकती थी किंतु हज़रत ख़दीजा ने नफ़ीसा नामक एक महिला को हज़रत मुहम्मद के पास भेजा जिन्होंने शादी की बात चलाई और हज़रत को राज़ी कर लिया।' इस पर मौलवी सुहैल उस्मानी बोल पड़े, "बताइए, भला मुहतरमा कहना चाहती हैं कि अपनी शादी की बात शुरू करने के लिए कोई भी लड़की आज़ाद है। ऐसी आज़ादी अगर लड़कियों को दे दी गई तो सारा इस्लामी मुआशरा ख़ाक में मिल जाएगा।"

उस्मानी साहब की इस बात पर किसी ने कोई टिप्पणी नहीं की। मौलाना नियाज़ ने आहिस्ता से इतना ज़रूर कहा, "यह बात रिवायत से बहरहाल साबित है।"

मौलवी फ़ारूक़ ने अपनी दाढ़ी खुजाई और बड़े गंभीर स्वर में बोले, "आप लोगों की इस सिलसिले में क्या राय है कि औरतों को मस्जिद में मरदों के साथ नमाज़ पढ़ने की इजाज़त मिलनी चाहिए। रसूले-ख़ुदा ने काबा शरीफ़ के पास पहली नमाज़ जो अदा की, उसमें हज़रत अली उनके पहलू में थे और जनाबे ख़दीजा उनके पीछे थीं।"

मौलाना नदीम अशरफ़ी खुले दिमाग़ के सुन्नी आलिम थे। कछोछा शरीफ़ की दरगाह से उनका ख़ानदानी तअल्लुक़ था। कहने लगे, "रिवायत तो मुहतरमा ने सही नक़ल की है। हाफ़िज़ इब्ने हज़र अस्क़लानी और हाफ़िज़ इब्ने अब्दुलबर ने ऐसा ही लिखा है।"

मौलाना नदीम की बात को आगे बढ़ाते हुए मौलवी सुब्हान बख़्श जिनकी

लड़कियाँ अलीगढ़ से इंजीनियरिंग कर रही थीं, तस्मिया के पक्ष में बोल पड़े, "मुहतरमा ने यह भी बिलकुल सही लिखा है कि मुस्लिम लड़कियाँ विधानसभा और संसद के बहस-मुबाहसों में हिस्सा ले सकती हैं और विचार-गोष्ठियों तथा सभाओं में अपनी उपस्थिति दर्ज कर सकती हैं। उनका यह तर्क कुरआन और हदीस से साबित है कि हमारे रसूल ईसाइयों के मुक़ाबले में मुबाहले के मैदान में खचाखच भरे जनसमूह के बीच अपनी बेटी फ़तिमा को झूठों पर लानत भेजने के लिए स्वयं अपने साथ ले गए थे।"

क़ाज़ी इब्राहीम जो अभी तक एक कोने में चुप बैठे थे, शायद उन्हें ये बातें अच्छी नहीं लगीं। कहने लगे, "आप लोग कुछ भी कहिए। ये मज़मून निहायत इंक़लाबी है और इससे बग़ावत की बू आती है। हमारी ख़वातीन पर इसका बहुत ग़लत असर पड़ेगा।"

कुछ मौलवियों के प्रयास के बावजूद बैठक में अधिक गरमा-गरमी पैदा न हो सकी और धीरे-धीरे सभी लोग अपने घरों को चले गए।

दूसरे दिन तस्मिया जब कॉलेज से लौटी तो चार-पाँच मुस्लिम लड़कियाँ उसे पहले से ड्राइंगरूम में बैठी मिलीं। तस्मिया को देखते ही सब खड़ी हो गईं।

उनमें से एक ने बड़ी शालीनता से कहा, "बाजी, आपके लेख की हमारे घरों में बड़ी चर्चा है। हम लोग तो आपके अंग्रेज़ी ज्ञान से ही परिचित थे। हमें नहीं मालूम था कि आप इस्लाम के इतिहास पर भी इतनी गहरी दृष्टि रखती हैं।"

तस्मिया ने प्यार से लड़कियों को सोफ़े पर बिठाया।

"मेरा नाम सबीहा है, ये तस्नीम है, ये तबस्सुम, ये नादिया और ये दुर्दाना। हम लोग रामबाग़ में रहते हैं। आपसे मिलने की ख़्वाहिश हुई तो चले आए।" उसी लड़की ने जिसने तस्मिया को पहले संबोधित किया था, सोफ़े पर बैठते हुए सबका परिचय कराया।

तस्मिया के चेहरे पर खुशी की एक लहर दौड़ गई। कॉलेज में भी डॉ० सुषमा और डॉ० भाटिया ने उसके लेख की बहुत प्रशंसा की थी। उसने मुस्कराते हुए लड़कियों से कहा, "तुम लोगों का आना मुझे बहुत अच्छा लगा।"

"बाजी, मैंने शॉर्ट सर्विस कमीशन में सेकंड लेफ़्टीनेंट के लिए अप्लाई किया है, लेकिन मेरे घर वालों का ख़याल है कि मुस्लिम लड़कियों को मिलिट्री सर्विसेज़ में जाने की इजाज़त इस्लाम नहीं देता। मैंने उन्हें आपके लेख का वह हिस्सा पढ़कर सुनाया जहाँ आपने इतिहासकार इब्ने हुशाम के हवाले से लिखा है कि 'उह्द के युद्ध में जब नबीश्री के साथी उन्हें अकेला छोड़कर भाग गए और केवल अली शत्रुओं का

मुक़ाबला कर रहे थे तो कुछ दुश्मनों ने रसूल पर आक्रमण करने का प्रयास किया। उस समय अन्सार की एक महिला उम्मे अम्मारा ने ढाल की तरह रसूल के सामने खड़े होकर उनकी रक्षा की और तलवार से शत्रुओं का मुक़ाबला किया।' घर वालों ने चुपचाप लेख का यह हिस्सा सुन ज़रूर लिया लेकिन किसी ने मेरे पक्ष में हामी नहीं भरी।" तबस्सुम इतना कहकर चुप हो गई और तस्मिया के चेहरे की तरफ़ देखने लगी।

इससे पहले कि तस्मिया कुछ बोलती दुर्दाना बोल पड़ी, "हम लड़कियों को इस्लाम का इतिहास खुद पढ़ना चाहिए, तभी हम अपने फ़ैसले ख़ुद कर सकेंगे। बाजी ने तो अपने लेख में हुनैन और कर्बला के युद्धों की मिसाल भी दी है। इतिहासकार तबरी के हवाले से बाजी ने लिखा है कि हुनैन के युद्ध में भी उहद जैसी स्थिति पैदा हो गई। बड़ी संख्या में रसूल के साथी उन्हें छोड़कर भागने लगे। उम्मे सलीम जो अपने पति अबू तलहा के साथ इस युद्ध में शरीक थीं, नबीश्री से बोलीं—'हुज़ूर, आप अपने बचे हुए साथियों को लेकर शत्रु-सेना से युद्ध कीजिए और मुझे इजाज़त दीजिए कि इन भगोड़े मुसलमानों को क़त्ल करना शुरू करूँ।' रसूल ने उनकी बात काटी नहीं केवल इतना कहा कि 'जाने दो उम्मे सलीम इनसे अल्लाह समझेगा।' ज़ाहिर है कि इस्लाम की ये वीर महिलाएँ रसूल की निगाह में आदरणीय थीं। फिर मुस्लिम लड़कियों को मिलिट्री में जाने से कैसे रोका जा सकता है।" दुर्दाना ने ये बातें कुछ इस ढंग से कही कि उसके गोरे रंग पर उत्साह की लालिमा साफ़ देखी जा सकती थी।

तस्मिया ने दुर्दाना की पीठ पर हाथ रखते हुए कहा, "दुर्दाना, तुम्हारी भावनाओं की मैं क़द्र करती हूँ। और तबस्सुम तुम्हें चाहिए कि अपनी तरफ़ से तैयारी में कोई कमी न आने दो। जब समय आएगा तो हम लोग तुम्हारे घर वालों को आमादा कर लेंगे।"

तस्मिया के इन शब्दों ने तबस्सुम में जैसे जान डाल दी। उसकी आँखों में तस्मिया के प्रति आभार साफ़ झलक रहा था। कमरे में मुलाज़िमा ने चाय लगा दी थी। सबने ख़ामोशी से चाय पी। उसके बाद उठते हुए नादिया ने कहा, "बाजी, आप इस समय थकी हुई हैं, आराम कीजिए और हम लोगों को इजाज़त दीजिए कि आइंदा भी आपके पास आ सकें।"

तस्मिया लड़कियों को बाहर तक छोड़ते हुए बोली, "तुम लोग जब जी चाहो मेरे पास आ सकती हो।"

उस दिन से तस्मिया का आत्मविश्वास इतना बढ़ गया था कि वह अपनी

थीसिस को और भी अद्यतन और स्तरीय बनाने में लग गई। हेमिंग्वे पर उसका शोध-प्रबंध चिंतन की नई दिशाएँ खोलता था। तीन-चार महीने के लगातार परिश्रम के बाद जब वह अपेक्षित संशोधन-परिवर्धन से पूरी तरह संतुष्ट हो गई तो उसने स्क्रिप्ट की सी०डी० तैयार करके न्यूयॉर्क के एक प्रकाशक के पास भेज दी। शीघ्र ही उसे प्राप्ति सूचना भी मिल गई और निर्णय की प्रतीक्षा के लिए कहा गया। इस बीच उसके दो-तीन महत्त्वपूर्ण साहित्यिक लेख 'इंडिया टुडे' और 'हिन्दू' में प्रकाशित हुए।

अभी मुश्किल से छह महीने गुज़रे थे कि तस्मिया को न्यूयॉर्क के प्रकाशक का एक पत्र मिला, जिसके साथ बीस हज़ार डॉलर का चेक संलग्न था। उसे सूचित किया गया था कि उसकी पुस्तक प्रकाशन के लिए चुन ली गई है और एडवांस राशि भेजी जा रही है।

भाईजान के घर में ईद पर क्या कभी ऐसी ख़ुशी मनाई गई होगी जो इस बीस हज़ार डॉलर का चेक मिलने पर मनाई गई। भाभीजान तो जैसे तस्मिया की शादी की बात एकदम भूल गईं। अपनी ही बेटी उन्हें आसमान से उतरी हुई कोई हूर-सी लगने लगी। इतनी बड़ी रक़म भाईजान को अपने रिटायर होने पर अपने प्रॉविडेंट फंड से भी नहीं मिली थी।

तस्मिया को अपने परिश्रम के नतीजे में पैसा, सम्मान, प्रतिष्ठा सभी कुछ मिलता रहा। कॉलेज में पढ़ाते हुए अभी चार-पाँच वर्ष ही हुए थे कि कॉमनवेल्थ स्कॉलरशिप पर उसे एक वर्ष के लिए लंदन जाने का अवसर मिल गया।

भाभीजान एक कुँवारी जवान लड़की को अकेले लंदन भेजने की कल्पना भी नहीं कर सकती थीं। सुबह-शाम भाईजान का दिमाग़ चाटतीं, 'आख़िर आप लड़की को समझाते क्यों नहीं? ज़रा भी कुछ इधर-उधर हो गया तो ख़ानदान की नाक कट जाएगी।' लेकिन जब तस्मिया के कॉमनवेल्थ स्कॉलरशिप की ख़बर शहर में फैली और मुहल्ले-पड़ोस तथा कॉलेज की महिलाओं ने भाभीजान को घर पर आकर बधाइयाँ दीं तो उनकी समझ में भी आने लगा कि बेटी का अकेले विदेश जाना कोई बुरी बात नहीं है।

लंदन में तस्मिया ने अपने अध्ययन एवं अध्यवसाय का अच्छा सिक्का जमा लिया। न्यूयॉर्क से छपी उसकी पुस्तक की चर्चा वहाँ पहले से थी। साहित्यिक संगठनों से इतर उसने मुस्लिम महिला संगठनों की सदस्यता भी स्वीकार कर ली थी। बी०बी०सी० लंदन से भी उसके कुछ लेक्चर्स प्रसारित हुए।

बी०बी०सी० केंद्र पर ही उसकी मुलाक़ात अली अब्बास से हुई जो वहाँ के उर्दू

प्रोग्राम से संबद्ध थे। धीरे-धीरे यह मुलाक़ात दोस्ती में तब्दील हो गई। अली अब्बास उम्र में तस्मिया से कम से कम दस वर्ष छोटे थे। लालिमायुक्त गोरा रंग, छरहरा शरीर और नीली आँखें। तीन पीस के काले सूट में समूचा व्यक्तित्व अद्भुत लगता था। हँसी-मज़ाक़, छेड़-छाड़, चुटकुलेबाज़ी की कला से पूरे माहौल को गुदगुदा देने में अली अब्बास को महारत हासिल थी। तस्मिया ने उनकी दोस्ती से महसूस किया था जैसे उसका खिलखिलाता बचपन जिसे उसने दफ़ना दिया था, उसके भीतर फिर से कहीं अँखुए फोड़ने लगा था। अली अब्बास के घर के लोग भी तस्मिया से बड़े आत्मीय भाव से मिलते थे। लंदन से जब भी तस्मिया भाईजान को फ़ोन करती अली अब्बास की चर्चा अवश्य करती। वह अपनी और अली अब्बास की बहुत-सी तस्वीरें घर भेज चुकी थी। भाभीजान भी अली अब्बास में दिलचस्पी लेने लगी थीं। आपत्ति किसी को नहीं थी, इसलिए दोनों ने जीवन के धागे को जोड़ने का निश्चय कर लिया।

तस्मिया को एक वर्ष पूरा होने में अभी कुछ दिन शेष थे। अगस्त के अंत में वह भारत आने वाली थी। भाभीजान एक-एक दिन गिनने लगी थीं। घर में हर समय काफ़ी चहल-पहल रहती थी। उस दिन शायद शुक्रवार था और अगस्त की दस तारीख़ थी। भाईजान ने सुबह-सुबह मुझे आवाज़ दी। मैं दो दिनों के लिए घर आया हुआ था। मैं भाईजान के पास पहुँचा। उनके हाथ में अंग्रेज़ी का अख़बार था और वह ख़ासे उदास एक कुर्सी पर बैठे थे।

"तुमने आज का अख़बार पढ़ा?" मेरी तरफ़ देखते हुए भाईजान ने पूछा।

"जी नहीं, कोई ख़ास बात?"

"लंदन की मेट्रोपोलिटन पुलिस के आतंक-विरोधी दस्ते ने मुस्लिम आतंकवादियों के एक भयानक षड्यंत्र का पर्दाफ़ाश किया है। इस सिलसिले में चौबीस मुसलमान गिरफ़्तार किए गए हैं जो ब्रिटेन के नागरिक हैं किंतु पाकिस्तान और भारत मूल के हैं।"

"तो इसमें कौन-सी नई बात है?"

"नई बात ये है कि लंदन में सभी काली चमड़ी वालों को संदेह और घृणा से देखा जा रहा है।"

"ये घृणा तो अंग्रेज़ों के रक्त में है।"

"तुम्हारी ख़राबी ये है कि तुम हर बात को बहुत हलकेपन से लेते हो। मैं पूछता हूँ कि अगर कुछ आतंकवादी मुसलमान इस तरह की हरकतें कर रहे हैं तो इसमें सारे मुसलमानों को क्यों बदनाम किया जा रहा है? शिया मुसलमानों का एक भी आतंकवादी संगठन नहीं है। अलक़ायदा, जैशे मुहम्मद, हिज़बुल मुजाहिदीन वग़ैरह

सभी सुन्नी संगठन हैं।"

"लेबनान के हिज़बुल्लाह गुरिल्ला संगठन के बारे में आपकी क्या राय है? क्या वो शिया नहीं हैं?"

"हिज़बुल्लाह के लोग अमेरिका या लंदन में विस्फोट नहीं कर रहे हैं। उनकी लड़ाई इज़राइल से है और यही उनकी सीमा है।"

"आपकी ये बात दुरुस्त है। फिर भी इस समूचे दृष्टिकोण को ऐतिहासिक परिप्रेक्ष्य में देखना चाहिए।"

"तुम कहना क्या चाहते हो?"

"मैं कहना ये चाहता हूँ कि इस्लाम के सभी प्रारंभिक ग्रंथ बनी उमैया के शासनकाल में लिखे गए और सामान्य रूप से बनी हाशिम तथा विशेष रूप से हज़रत मुहम्मद और उनके परिवार से बनी उमैया की पुरानी शत्रुता थी। इसलिए जो इतिहास-दृष्टि आम मुसलमानों के बीच विकसित हुई, उसमें सत्ता के विस्तार की ललक अधिक थी। इस्लामी आस्थाएँ इतनी क्षीण हो चुकी थीं कि शामी सम्राट् मुआविया के बेटे यज़ीद ने हुसैन की शहादत के बाद सल्तनत के तख़्त से घोषणा की थी कि 'यदि हमारे पूर्वज जीवित होते तो उन्हें हमारे कृत्य पर गर्व होता। मुहम्मद पर न वही उतरती थी, न इल्हाम होता था। उन्होंने केवल सल्तनत हासिल करने के लिए इस्लाम का ढोंग रचा था। आज के अधिकतर मुसलमान हज़रत मुहम्मद को मदीने का ताजदार और अरब का हुक्मराँ समझते हैं। नबूवत का अर्थ भी शायद उनके लिए यही है। जब तक इस्लामी राष्ट्र और इस्लामी हुकूमत जैसे शब्द मुसलमानों की आस्था के केंद्र में रहेंगे, आतंकवाद पनपता रहेगा।'

भाईजान धैर्यपूर्वक मेरी बातें सुनते रहे और फिर न जाने किन विचारों में खो गए। दस बजे के लगभग उन्होंने अली अब्बास को फ़ोन मिलाया। उन्हें यह जानकर संतोष हुआ कि लंदन में सभी लोग सकुशल हैं और इस महीने की तीस तारीख़ को तस्मिया के साथ अली अब्बास और उनके अम्मी, अब्बू भी दिल्ली आ रहे हैं।

भाईजान और उनके परिवार ने ये बीस दिन किस तरह गुज़ारे, इसकी बस कल्पना की जा सकती है। आज अगस्त की तीस तारीख़ थी। लंदन की फ़्लाइट के दिल्ली पहुँचने का समय भाईजान को अच्छी तरह मालूम था। फिर भी वह अपने पूरे परिवार के साथ एक घंटा पहले से ही एयरपोर्ट पर मौजूद थे। भाभीजान की उत्सुकता देखते ही बनती थी। कैसी खिली-खिली-सी लग रही थीं वह। भाईजान ने मेहमानों को दूर से ही देख लिया और उनसे बड़े तपाक से मिले। भाभीजान ने जब अली अब्बास को देखा तो उनकी ख़ुशी की कोई सीमा न रही। तस्मिया का रूप-रंग भी

लंदन की आबोहवा में निखर आया था। थोड़ी देर के लिए भाभीजान जैसे कहीं गुम हो गईं। उन्हें तस्मिया का वह लेख याद आ गया जिसमें उसने लिखा था–'नबीश्री का विवाह हज़रत ख़दीजा से हुआ जो उम्र में उनसे पंद्रह वर्ष बड़ी थीं।' तस्मिया के रूप में ख़दीजा की वापसी के ख़याल से उनके पूरे शरीर में सिहरन-सी दौड़ गई। वह उस समय चौंक पड़ीं जब उनके कानों से उनकी छोटी बेटी नौशीन की आवाज़ टकराई, 'अम्मी चलिए। सामान रखा जा चुका है और सब लोग गाड़ियों में बैठ चुके हैं।'

बहिश्त का सफ़र

मीर साहब का बहुत छोटा-सा परिवार था। दो बेटियाँ, चार बेटे, पत्नी और माँ। गाँव छोड़कर बच्चों की पढ़ाई के ख़याल से शहर आ गए थे जहाँ चार-पाँच कमरों का एक मकान ख़रीद लिया था। ज़मींदारी में अब पहले जैसी बात नहीं थी। असामियों में जागरूकता फैलने लगी थी और इक्का-दुक्का असामी यहाँ-वहाँ सिर भी उठाने लगे थे। शहर छोटा ज़रूर था पर लोगों में आपस में मेल-मुहब्बत बहुत थी। सामने के मकान में अज़हरुद्दीन वकील और उनके बेटे इक़बाल रहते थे। घर क्या था, क़ालीन का कारख़ाना था। ऊन रँगे जाते, करघों पर खटाखट हाथ चलते। गुलबूटे बुने जाते और चबूतरे पर बिछाकर क़ालीन की गुलतराशी की जाती। दक्खिन तरफ़ के मकान में अकेली रमदेई बुआ दिन-रात एक खाट पर पड़ी रहतीं। बच्चों को कहानियाँ सुनातीं और लाई-गुड़ के लड्डू खिलातीं। उत्तर का मकान खँडहर था और उससे सटे मकान में पगली रहती थी। नंग-धड़ंग। जली हुई बीड़ियाँ उठाकर उनकी सुरती निकालती और हथेली पर मसलकर फाँक जाती। फिर इस तरह डकारती कि पास खड़ा आदमी सहम जाए। टट्टी-पेशाब सब बाहर ही चबूतरे से लगी नाली में सबके सामने बैठकर करती। बच्चों के लिए एक तमाशा थी वह। उसको छेड़ने और गालियाँ सुनने में बच्चों को बड़ा मज़ा आता। पगली के मकान से लगा मास्टर दीनानाथ का मकान था। वे कायस्थ थे। फ़ारसी में एम०ए०। गोश्त-मछली का बेइंतहा शौक़। लेकिन ज़ब से हिंदुस्तान-पाकिस्तान के नारे लगना शुरू हुए, विशुद्ध शाकाहारी बन गए थे। शायद मन में कहीं डर था कि कायस्थों को आधा मुसलमान समझा जाता है। अगर सचमुच पाकिस्तान बन गया तो उन्हें भी मुसलमानों के साथ खदेड़ दिया जाएगा।

मीर साहब का पूरे मुहल्ले में बड़ा रोब था। छोटे-बड़े सभी उनका आदर करते थे। किसी के घर कैसी भी परेशानी हो, मीर साहब जी जान से घरवालों के साथ शरीक़ रहते थे। रमदेई बुआ उनसे उम्र में बड़ी थीं और मीर साहब उन्हें अपनी बड़ी बहन मानते थे। पर रमदेई बुआ हमेशा उन्हें अपना सरपरस्त समझती थीं। यही हाल मास्टर दीनानाथ और दूसरे पड़ासियों का भी था। बच्चे गली में कैसा भी कोई खेल क्यों

न खेल रहे हों, मीर साहब अगर दूर से भी दिखाई दे जाते तो सब फटाफट घरों में घुस जाते।

मुस्लिम लीग या कांग्रेस से मीर साहब को कोई दिलचस्पी नहीं थी और यह बात मुहल्ले में किसी से ढकी-छुपी नहीं थी। फिर भी मुस्लिम लीग का झंडा मीर साहब के तिमंज़िले पर लहरा रहा था और लीग की सभाओं में भी मीर साहब की शिरकत देखी जा सकती थी। शहर के हिंदुओं में मीर साहब के जितने भी जानने वाले थे, सभी उन्हें एक देशभक्त मानते थे और मुस्लिम लीग से उनके लगाव को हकीम ख़ालिद से उनकी दोस्ती का प्रतीक समझते थे। गांधी जी के प्रति मीर साहब के मन में ज़बरदस्त इज़्ज़त थी और वे उनके लिए बापू के अलावा किसी अन्य शब्द का इस्तेमाल नहीं करते थे। खुद भी गांधी जी की तरह सफ़ेद खादी के साधारण कपड़े पहनते थे।

शहर के जुलूसों की देखा-देखी गली के बच्चों ने भी अपने-अपने जुलूस निकालना शुरू कर दिए थे। चाँद-सितारे और तिरंगे की छाप वाले झंडे इफ़रात थे। लेकिन मुसलमान हिंदू जैसा कोई बँटवारा बच्चों में नहीं था। अगर हिंदुस्तानी जुलूस ज़्यादा ज़ोरदार होता तो पाकिस्तानी पाले के बच्चे अपना झंडा फेंककर हिंदुस्तानी पाले में आ जाते। इसके उलट अगर पाकिस्तानी नारों की गूँज अधिक धारदार होती तो हिंदुस्तानी पाले से निकलकर कुछ बच्चे पाकिस्तानी जुलूस में शामिल हो जाते। मीर साहब के बच्चों में केवल अल्लन ऐसा था जिसकी दिलचस्पियाँ इन जुलूसों में बहुत बढ़-चढ़कर थीं। उम्र तो मुश्किल से सात-आठ वर्ष की थी, लेकिन बातें बड़ों की तरह करता था। कफ़ील, सुग्गा, छोटे, मुन्ना और कल्लू उसके झुंड में थे। दामोदर, विपिन, नन्हे, बाबू और ढुनमुन दूसरे झुंड में। बच्चे तो और भी बहुत थे, लेकिन सबके नाम गिनाना ज़रूरी नहीं है।

नए-नए नारे गढ़ पाना बच्चों के बस में नहीं था। बस, इधर-उधर सुनकर जो नारे रट गए थे, वही उनके लिए पर्याप्त थे। मुस्लिम लीगी झुंड के बच्चे अब पूरी आवाज़ से नारा लगाते, 'लेके रहेंगे पाकिस्तान/देंगे तुम्हारे दादा जान।' तो कांग्रेसी बच्चों के तेवर देखते ही बनते थे। चाँद-सितारे वालों से तिरंगे वालों की आवाज़ नीची नहीं होनी चाहिए। इसलिए और भी दोगुनी ताक़त से इधर का झुंड जवाब देता, 'नहीं मिलेगा पाकिस्तान/चाहे दे दो अपनी जान।'

अल्लन चाँद-सितारे वालों के साथ नारे लगा रहा था। एक बार उसके झुंड ने जब नारा लगाया, 'चार चवन्नी तेल में/गांधी बेटा जेल में।' तो अल्लन का चेहरा लाल हो गया और वह चाँद-सितारे का झंडा फेंककर तिरंगे की तरफ़ आ गया। उसने

ढुनमुन और बाबू के कान में कुछ कहा और फिर वह बात कानोकान सभी तक पहुँच गई। चाँद-सितारे का जवाबी नारा ज़रूरी था। और वह भी तेज़-तर्रार आवाज़ में। तिरंगे वालों ने पूरे दम से ज़ोरदार नारा लगाया, 'चार चवन्नी चाँदी की/जय बोलो महात्मा गांधी की।'

उस दिन मिशन स्कूल के मास्टर शकील अहमद अपने चबूतरे पर बैठे बच्चों का ये तमाशा देख रहे थे। उन्होंने अल्लन को आवाज़ दी और अपने पास बुलाया।

अल्लन 'जी, मासाब' कहता हुआ उनके सामने अदब से खड़ा हो गया।

"तुम गांधी जी वाला नारा सुनकर इतना नाराज़ क्यों हो गए?"

"इसमें नाराज़ होने वाली बात तो थी ही।"

"वह कैसे?"

"हमारी रमदेई बुआ कहती हैं, गांधी जी अवतार हैं, महापुरुष हैं, हमें उनका सम्मान करना चाहिए।"

"लेकिन मुसलमान तो ये नहीं मानते।"

"मैं ये सब नहीं जानता।"

"तुम्हारे अब्बा क्या कहते हैं?"

"अब्बा वही कहते हैं जो रमदेई बुआ कहती हैं। अब्बा ने घर में गांधी जी की बड़ी-सी तस्वीर लगा रखी है।"

"तुम्हारे अब्बा तो मुस्लिम लीगी हैं?"

"मुस्लिम लीगी नहीं हैं, मुस्लिम लीग का साथ दे रहे हैं।"

"जब लीगी नहीं हैं तो साथ क्यों दे रहे हैं?"

"आप जानते हैं कि हकीम ख़ालिद साहब अब्बा के कितने गहरे दोस्त हैं। फिर दोस्त का साथ देना तो ज़रूरी होता है।"

"अच्छा ये बताओ कि अगर पाकिस्तान बन गया तो क्या तुम लोग पाकिस्तान चले जाओगे?"

"पाकिस्तान क्यों चले जाएँगे? पाकिस्तान वो लोग जाएँगे जिन्हें यहाँ तकलीफ़ है, जिन्हें सताया जा रहा है। हमें तो यहाँ कोई तकलीफ़ नहीं है।"

अल्लन जब घर लौटा तो उसने देखा कि पगली को घेरकर कुछ लोग खड़े हैं और वह हाथ नचा-नचाकर चीख़ रही है, 'तोर पूत काटी, तोर भतार काटी।'

अल्लन को 'पूत' और 'भतार' का अर्थ नहीं मालूम था, लेकिन इन शब्दों की ध्वनियाँ उसे बहुत अच्छी लगीं।

घर में घुसते ही उसकी पहली मुलाक़ात दादी से हुई। आँगन में खटोला डालकर

मुड़ी-चुड़ी लेटी थीं। गोरे चिट्टे रंग वाली उसकी दादी के बाल सफ़ेद हो चुके थे और उनमें से एक चमक फूटती थी। अल्लन दादी के ठीक सामने खड़ा हो गया और हाथ नचा-नचाकर पगली की नक़ल उतारने लगा, 'तोर पूत काटी, तोर भतार काटी।'

दादी का चेहरा गुस्से से लाल हो गया और उन्होंने लपककर अल्लन को पकड़ना चाहा, लेकिन अल्लन दादी से बचकर साफ़ निकल गया था।

वहीं बैठे-बैठे दादी ने अम्मा को आवाज़ दी, "दुल्हन! देख रही हो। साहबज़ादे बाहर से क्या-क्या लनतरानियाँ, सीखकर आते हैं।"

अम्मा ने अल्लन को बहुत प्यार से समझाया, "बेटा! बड़ों की इज़्ज़त करना सीखो।"

"मैं तो दादी की बहुत इज़्ज़त करता हूँ।"

"फिर वो तुम पर नाराज़ क्यों हो रही थीं?"

"वह बाहर पगली लोगों से कह रही थी, 'तोर पूत काटी, तोर भतार काटी।' यही बात आकर मैंने दादी से दोहरा दी।"

अम्मा को गुस्सा आने के बजाय हँसी आ गई और उन्होंने अल्लन को सीने से लिपटा लिया।

अल्लन का छोटा भाई अहसन रमदेई बुआ से बहुत हिला हुआ था। अम्मा जब भी उसे प्याले में बकरे का क़ोरमा और प्लेट में दो रोटियाँ रखकर देतीं, वह सीधा रमदेई बुआ के पास पहुँच जाता और उनके हाथ से खाने की ज़िद करता। रमदेई बुआ को मांस-मछली से घृणा थी। उनका ख़याल था कि इसे छूने से भी पाप लगता है। लेकिन सारी बातें भूलकर वह अहसन को प्यार से क़ोरमा रोटी खिलातीं और जब अहसन ख़ाली प्लेट और प्याला लेकर चला जाता, एक साड़ी बग़ल में दबाकर और पीतल का लोटा हाथ में लेकर सीधे गंगा जी चली जातीं। सुंदर घाट पास में ही था। मुहल्ले के और भी बहुत-से लोग स्नान के लिए गंगा जी जाया करते थे। रमदेई बुआ दो-चार लोटे पानी सिर पर डालतीं तो उनकी आत्मा तक भीग जाती और सारे पाप धुल जाते। अल्लन कभी-कभी बुआ से सवाल करता, "बुआ, आप घर में क्यों नहीं नहातीं? रोज़-रोज़ गंगाजी जाती हैं।"

बुआ हँस देतीं और उसे प्यार से लिपटाकर कहतीं, "बेटवा, गंगाजी में नहाने से पाप धुल जाते हैं।"

"क्या पाप मैल की तरह शरीर में लिपटे होते हैं जो घर के पानी से साफ़ नहीं होते?"

"नहीं, शरीर का मैल तो किसी भी पानी से छूट सकता है, गंगाजी का पानी

आत्मा के मैल को धोता है।"

"ये आत्मा क्या होती है?"

"आत्मा वो होती है जिसका हमारे-तुम्हारे दिमाग़ और दिल पर शासन होता है। आत्मा न हो तो शरीर कुछ नहीं कर सकता।"

"क्या आत्मा सम्राट् अकबर की तरह शरीर के भीतर राजगद्दी पर बैठती है?"

"हाँ, बस ऐसा ही समझ लो।"

"लेकिन बुआ, सम्राट् अकबर तो मर गया। क्या आत्मा भी मर जाती है?"

"नहीं बेटवा, जो दुष्ट होते हैं, उनकी आत्मा मर जाती है। अच्छे लोगों की आत्मा नहीं मरती।"

"फिर क्या सम्राट् अकबर दुष्ट था?"

"नहीं, वह तो एक महान् शासक था।"

"तो मर क्यों गया?"

"मरते तो सभी हैं। एक दिन मैं भी मर जाऊँगी।"

अल्लन का चेहरा तमतमा गया। "आप कैसे मर जाएँगी! अल्ला मियाँ से मैं साफ़ कह दूँगा। रमदेई बुआ के लिए मौत का हुक्म हटा दें। अल्ला मियाँ मेरी बात ज़रूर मानेंगे।"

बुआ अल्लन की बातों पर मुग्ध हो जातीं और उसके लिए न जाने कितनी दुआएँ उनके मन से फूट पड़तीं।

शहर में आज सभाइयों का बहुत बड़ा जलसा था। घंटाघर का टाउन हॉल सुबह से भरने लगा था। हिंदू महासभा के बड़े-बड़े नेता आ रहे थे। अल्लन भी मास्टर दीनानाथ के बेटे सुग्गा के साथ टाउन हॉल पहुँच गया। हर तरफ़ केसरिया झंडे। चिकने ऊँचे तंदुरुस्त घोड़ों पर बैठे सिपाही जिनकी पगड़ियों पर चमकते सुनहरे रेशमी झुब्बे। भाषण का अधिकतर हिस्सा अल्लन की समझ में नहीं आया। वह 'अखंडता' का अर्थ नहीं जानता था और बार-बार वहाँ अखंडता की बात की जा रही थी। उसकी समझ में बस इतना आ रहा था कि इस जलसे में पाकिस्तान बनने का विरोध किया जा रहा है। कहा जा रहा है कि देश के दो टुकड़े नहीं होने देंगे। ये भी कहा जा रहा है कि बँटवारा हमारे लिए अभिशाप है। वह सोच रहा था कि यह अभिशाप कोई बुरी चीज़ ज़रूर होती है। लेकिन बँटवारे से इन लोगों को क्या परेशानी है? दीनानाथ चच्चा के मकान का जब बँटवारा हुआ तो उस समय कोई नहीं बोला। किसी ने बँटवारे का विरोध नहीं किया। उनके छोटे भाई दयानाथ चच्चा ने अपना हिस्सा अलग कर लिया। अगर ये कोई बुरी बात होती तो दीनानाथ चच्चा ऐसा क्यों होने देते?

जलसे से लौटकर अल्लन सीधा दीनानाथ चच्चा के पास पहुँच गया। "चच्चा, एक बात पूछूँ?"

"हाँ, पूछो बेटा।"

"चच्चा, देश कोई रोटी है जिसके दो टुकड़े कर दिए जाएँ और अलग-अलग लोग दोनों टुकड़े खा जाएँ। या शीशे का गिलास है कि दो टुकड़े हो जाने पर दोनों टुकड़े बेकार हो जाएँ और कूड़े में फेंक दिए जाएँ?"

"नहीं बेटा, देश न रोटी है, न शीशे का गिलास।"

"फिर देश उसी को तो कहते हैं जिसमें हम आप सभी रहते हैं?"

"हाँ बेटा, हमारा देश वही है जिसमें हम सभी रहते हैं।"

"तो बँटवारे से देश किस तरह टूट जाएगा? आपके घर का बँटवारा हो गया लेकिन आपका घर नहीं टूटा?"

"घर नहीं टूटता बेटा, मन टूट जाता है?"

"कमाल है! जब घर सही-सलामत है, दयानाथ चच्चा भी मज़े में हैं और आप भी मज़े में हैं फिर मन किस तरह टूट जाता है?"

मास्टर दीनानाथ ने अल्लन के गाल थपथपाए और बहुत प्यार से कहा, "बेटा, अभी तुम बहुत छोटे हो। ये बातें तुम्हारी समझ में नहीं आएँगी।"

अल्लन वहाँ से चला तो आया लेकिन उसे एक बात लगातार खटक रही थी। बड़े लोग जब कोई बात समझा नहीं पाते तो सीधे-सीधे कह देते हैं, 'तुम छोटे हो, ये बात तुम्हारी समझ में नहीं आएगी।'

'बस एक रमदेई बुआ हैं जो हर बात अच्छी तरह समझा देती हैं।'

अल्लन वहाँ से सीधे रमदेई बुआ के पास गया।

"बुआ! ये मन का टूटना क्या होता है?"

"क्यों? किसी ने कुछ कह दिया क्या?"

"नहीं बुआ, मैं जानना चाहता हूँ।"

"देखो, जब मनुष्य किसी चीज़ को चाहता है, पसंद करता है और वह चीज़ उससे छिन जाती है या उसकी इच्छा के मुताबिक़ नहीं होती तो उसका मन टूट जाता है।"

"आप जानती हैं कि मुझे मिठाई बहुत पसंद है?"

"हाँ।"

"आप ये भी जानती हैं कि मैं हमेशा मिठाई खाना चाहता हूँ?"

"हाँ।"

“मेरा छोटा भाई अहसन मौक़ा मिलते ही मेरी मिठाई उठाकर खा जाता है। लेकिन मेरा मन तो नहीं टूटता?”

“इसलिए कि तुम मिठाई से कहीं ज़्यादा अहसन को चाहते हो। अगर तुम अहसन को न चाहते तो मिठाई उठाने पर या तो लड़ पड़ते या अम्मा के डर से चुप रह जाते। फिर तुम्हारा मन टूट जाता।”

“अब मैं समझा। दीनानाथ चच्चा दयानाथ चच्चा से कहीं ज़्यादा मकान को चाहते हैं। इसलिए बँटवारे से उनका मन टूट गया।”

दूसरे दिन शहर में मुस्लिम लीग का जलसा था। मीर साहब हकीम ख़ालिद के साथ सुबह से इंतज़ाम में लगे थे। सुग्गा जलसे में जाने के लिए तैयार नहीं था। अल्लन ने ढुनमुन और बाबू के साथ जाने की योजना बना ली। इस जलसे में और भी मुसीबत थी। भाषण देने वाले बड़ी गाढ़ी उर्दू बोल रहे थे, ‘हिंदुस्तान हमारे लिए दारुलहरब है। पाकिस्तान मुसलमानों का बहिश्त है।’ अल्लन कुछ भी समझ नहीं पा रहा था। मौलवी सख़ावत उसे फ़ारसी पढ़ाने घर आते थे। उनको भी कभी ऐसी उर्दू बोलते उसने नहीं सुना था। ‘हो सकता है ये लोग हमारे मौलवी साहब से ज़्यादा क़ाबिल हों।’ वह अपने मन को समझाने लगा। मौलवी साहब ने एक बार उसे बताया था, ‘शैतान के बहकाने पर हज़रत आदम को अपनी ग़लती की सज़ा मिली और वो बहिश्त से निकाल दिए गए।’ उसकी समझ में इतनी बात आ गई थी कि बहिश्त जन्नत को कहते हैं। लेकिन ये दारुलहरब क्या है, हो सकता है दोज़ख़ का दूसरा नाम दारुलहरब हो।

जलसे से वापस लौटकर अल्लन बहुत उदास था। घर में भी अजीब-सी हलचल मची हुई थी। दादी की तबीयत अचानक बहुत ख़राब हो गई थी। उन्हें साँस लेने में दुश्वारी हो रही थीं। अब्बा डॉ० भार्गव को बुला लाए थे। वह दादी के पास ही बैठे हुए थे। उन्हें ऑक्सीजन दिया जा रहा था। अल्लन चुपचाप घर के एक कोने में बैठा उदास आँखों से ये सब कुछ देख रहा था।

शाम अभी पूरी तरह ढली नहीं थी। डॉ० भार्गव ने ऑक्सीजन का सिलेंडर हटा दिया। एक सफ़ेद चादर दादी के शरीर पर डाल दी और चुपचाप अपना बैग उठाकर बाहर चले गए। अम्मा सूरए यासीन पढ़कर ख़त्म कर चुकी थीं। घर में कुहराम बरपा हो गया। सबसे ज़्यादा अम्मा ही फूट-फूटकर रो रही थीं। बाजी ने भी रो-रोकर बुरा हाल कर लिया था। धीरे-धीरे करके पड़ोस की औरतें घर में भरने लगीं।

एक औरत ने अपने आँसू पोंछते हुए कहा, ‘बड़ी ही जन्नती ख़ातून थीं।’ दूसरी औरत ने दोनों हाथ उठाकर कहा, ‘अल्लाह हर एक को इसी तरह सुकून से बहिश्त

का सफ़र नसीब करे।'

पूरे माहौल के मातमी रंग-ढंग से अल्लन का बुरा हाल हो रहा था। फिर भी वह चुपचाप बैठा उस मौलाना के बारे में सोच रहा था जिसने अपने भाषण में कहा था, 'पाकिस्तान मुसलमानों का बहिश्त है।' दादी बहिश्त का सफ़र कर रही हैं और वो पाकिस्तान को बहिश्त बता रहा है। क्या दादी पाकिस्तान जा रही हैं? अभी लोग कह रहे थे कि दादी को क़ब्रिस्तान ले जाकर क़ब्र में दफ़ना देंगे। क्या बहिश्त का सफ़र क़ब्रिस्तान पर जाकर ख़त्म हो जाता है? क्या पाकिस्तान एक क़ब्रिस्तान है? अब वो पाकिस्तान का नारा कभी नहीं लगाएगा। अल्लन यह सब सोचते-सोचते कब सो गया, किसी को पता भी नहीं चला।

दहशतगर्द

आज शाहिद ने रात में फिर वही ख़्वाब देखा जो उसने दो वर्ष पहले देखा था, दिसंबर के महीने में भी नीचे से ऊपर तक पसीने में नहा गया था। उसने अपना हाथ-पैर अच्छी तरह छूकर यक़ीन कर लिया कि वह सचमुच जाग चुका है और अपने कमरे में अपने पलंग पर है। पहली बार उसने अपने ख़्वाब के बारे में जब दोस्तों से चर्चा की थी, वह गंभीर होने के बजाय उसका मखौल उड़ाकर मज़े ले रहे थे।

वही जंगल था, ऊँचे-ऊँचे पेड़ों से भरा हुआ। और पेड़ भी ऐसे जिनकी कोई शाख़ नीचे को झुकी हुई नहीं थी। बीच में ख़ाली जगह पर महात्मा गांधी का मोम का स्टैचू। सीने पर गोलियों के निशान। बहता हुआ रक्त। सामने पिस्तौल लिए खड़ा नाथूराम गोडसे। पिस्तौल की नाल से निकलता ताज़ा गर्म धुआँ। फिर सूरज का आकाश से उतरकर दोनों के बीच आ जाना। दोनों ही स्टैचू तरल में बदल गए। गांधी जी का तरल भारत के नक़्शे में ढल गया। गोडसे का तरल पाकिस्तान की चौहद्दियों की लकीर बन गया। कश्मीर किसी नक्शे में नहीं था। केवल रक्त की लकीरें थीं जो दोनों चौहद्दियों से रिसकर कश्मीर में रंग भर रही थीं। पाकिस्तान का रक्त नीला था और भारत का सफेद। लेकिन कश्मीर की धरती से जो रक्त उबल रहा था, वह गाढ़ा लाल था। शाहिद को महसूस हुआ था, जैसे कश्मीर के बीचोबीच वह स्वयं खड़ा है। घुटने की ऊँचाई तक रक्त में डूबा हुआ।

शाहिद ने अब अट्ठारह वर्ष पूरे कर लिए थे और बी०ए० के तीसरे वर्ष में आ गया था। अब्बू लोक सेवा आयोग के चेयरमैन थे। लेकिन अब भी अपने करेली वाले पुराने मकान में ही रहते थे। वहाँ के लोगों का ख़याल था कि बशीर आलम साहब कितने ही बड़े पद पर पहुँच जाएँ अपनी सादगी और उसूल नहीं छोड़ सकते। शाहिद की अम्मी अंजना कुमारी जो विवाह के बाद अंजना आलम अपने नाम के आगे लिखने लगी थीं, विश्वविद्यालय के इतिहास विभाग में रीडर थीं। घर में उनके लिए पूजा का एक कमरा अलग था। शाहिद ने उन्हें पूजा करते तो कभी नहीं देखा। हाँ, ये है कि उसकी सफ़ाई और सजावट में वह किसी और का हस्तक्षेप पसंद नहीं करती थीं। अब्बू का जब जी चाहता, बड़ी पाबंदी से नमाज़ पढ़ते और जब जी न करता

महीनों नमाज़ का रुख़ भी न करते। शाहिद के जिम में और अब्बू की नमाज़ में ख़ासी एकरूपता थी।

सुबह-सुबह नहाकर जब शाहिद बाथरूम से निकला उसके अम्मी और अब्बू नाश्ते की टेबल पर पहले से मौजूद थे। अम्मी ने आवाज़ दी, "आइए शाहिद कुमार साहब, हम लोग आपका इंतज़ार कर रहे हैं।" शाहिद का पूरा नाम शाहिद कुमार था जो शाहिद को ख़ासा अटपटा-सा लगता था।

"जी, अभी हाज़िर हुआ।" कहकर शाहिद जल्दी-जल्दी अपने कमरे में गया और फटाफट कपड़े बदलकर अम्मी-अब्बू के ठीक सामने वाली कुर्सी पर आकर बैठ गया। उसने नाश्ता अभी शुरू भी नहीं किया था कि रात का ख़्वाब उसके दिमाग़ में घूमने लगा। उसे महसूस हुआ जैसे नाश्ते की मेज़ एक जंगल है और उसके अम्मी-अब्बू दो स्टैचू हैं जो शीघ्र ही पिघलकर पाकिस्तान, हिंदुस्तान का नक़्शा बन जाएँगे। उसके माथे पर पसीने की बूँदें उभर आईं और अनायास उसके मुँह से निकला, "नहीं, ऐसा नहीं हो सकता।"

पति और पत्नी दोनों ही शाहिद का चेहरा देखकर चौंक गए। चेहरे की सारी नसें सुर्ख़ रोशनाई की गहरी लकीर की तरह उभर आई थीं। बेहद डरावना लग रहा था शाहिद का चेहरा। अम्मी ने बड़ी नरमी से साहस जुटाकर पूछा, "क्या हुआ बेटा? क्या नहीं हो सकता? तुम्हारी तबीयत तो ठीक है?"

शाहिद ने अम्मी की तरफ़ देखा और उसके चेहरे की नसें पहले की तरह सामान्य हो गईं। "जी अम्मी, मैं बिलकुल ठीक हूँ।" नाश्ता करने के बाद सब अपने-अपने कामों में व्यस्त हो गए। लेकिन अम्मी कोशिश के बावजूद शाहिद का वह चेहरा नहीं भूल पा रही थीं। अंत में उनसे रहा नहीं गया। वह सीधे आलम साहब के कमरे में गईं। आलम साहब कोई पुस्तक पढ़ने में व्यस्त थे।

"आपने नाश्ते की टेबल पर शाहिद का चेहरा देखा था?" अंजना आलम ने अपने चिंता भरे स्वर से पति को चौंका दिया।

"हाँ, देखा था और देखकर घबरा गया था।"

"कितना दहशतनाक चेहरा था उस समय उसका?"

"हाँ, कुछ ऐसा ही मैं भी महसूस कर रहा था।"

"इधर आपने कभी शाहिद की बातें सुनी हैं?"

"नहीं, कोई ख़ास बात?"

"हाँ, आजकल अकसर वो मुस्लिम आतंकवाद, हिंदू आतंकवाद और अमरीकी आतंकवाद की बातें किया करता है।"

"तुम उसे टोकती नहीं हो?"

"टोकती तो हूँ। लेकिन वो न जाने कौन-कौन सी किताबें पढ़ता रहता है और तर्क पर तर्क देने का प्रयास करता है।"

"अच्छा मैं किसी समय उससे बात करूँगा। आख़िर वह कहता क्या है?"

"उसका कहना है कि जब कोई कमज़ोर या अल्पसंख्यक वर्ग अत्याचार के विरुद्ध हिंसा का सहारा लेता है तो आतंकवादी कहलाता है। और यही हिंसा जब शक्तिसंपन्न या बहुसंख्यक वर्ग खुलेआम करता है तो मानव-हितैषियों की ज़बान पर ताले लग जाते हैं।"

"कोई तर्क भी है उसके पास?"

"हाँ, वह कहता है कि 'भगत सिंह, अशफ़ाकुल्लाह, बटुकेश्वर, चंद्रशेखर आज़ाद इत्यादि जिन्हें हम आज इतना सम्मान देते हैं, ब्रिटिश सरकार की दृष्टि में आतंकवादी थे।"

"बात तो उसकी सही है।"

"सही किस प्रकार है? ये सभी आज़ादी के सिपाही थे और ब्रिटिश सरकार एक अत्याचारी सरकार थी। अत्याचार के विरुद्ध हिंसा का उपयोग आतंकवाद नहीं है।"

"और भी कोई तर्क है उसके पास?"

"हाँ, वह कहता है कि 1984 में इंदिरा गांधी की हत्या के बाद सिखों के साथ जो कुछ हुआ और गुजरात में मोदी की शह पर बजरंग दल और विहिप के गुंडों ने जो कुछ किया, वह खुला हुआ हिंदू आतंकवाद था।"

"फिर तुमने उससे क्या कहा?"

"मैंने उससे कहा कि तुम दंगा या बलवा को आतंकवाद किस प्रकार कह सकते हो?"

"बात तो तुम्हारी ठीक थी।"

"लेकिन वह मानता कब है!"

"वह क्या कहता है?"

"उसका कहना है कि बलवा बराबर वाले दो समूहों के बीच होता है। किसी निरीह या कमज़ोर समूह को चाहे बम से उड़ा दिया जाए या मिसाइलों और टैंकों से या खुलेआम पेट्रोल छिड़ककर आग लगा दी जाए, इसे आतंकवाद के अतिरिक्त कोई दूसरा नाम नहीं दिया जा सकता।"

"तुमने क्या जवाब दिया?"

"मैंने कहा, तुम्हारी दृष्टि में शायद बंबई धमाका और गुजरात दंगे में कोई अंतर

नहीं है।"

"इस पर तो वह चुप हो गया होगा।"

"नहीं, चुप कहाँ हुआ। पूरा दर्शन बघारने लगा।"

"इसमें दर्शन की क्या बात है?"

"मेरे आपके लिए भले ही न हो। उसके लिए तो है।"

"क्या है उसका दर्शन? मैं भी तो सुनूँ।"

"उसका कहना है कि आतंकवाद दो प्रकार का होता है। एक बौद्धिक आतंकवाद, दूसरा भावुक आतंकवाद। बौद्धिक आतंकवाद राजनीति द्वारा निर्देशित और सत्ता द्वारा नियंत्रित होता है। यह पहले अपने लक्ष्य पर मिथ्या दोषारोपण करके मीडिया के प्रचार माध्यमों के उपयोग से उसे बदनाम और कुरूप बना देता है फिर खुलेआम उसे ध्वस्त कर देता है। अमरीका और ब्रिटेन ने सद्दाम हुसैन के साथ ऐसा ही किया। सिखों के विरुद्ध केंद्रीय सत्ता के कुछ सिरफिरों ने यही हथकंडा अपनाया। गुजरात में मुसलमानों को कुचलने के लिए मोदी ने इसी हथियार से काम लिया।"

"और भावुक आतंकवाद?"

"भावुक आतंकवाद उसकी दृष्टि में वह है जो अत्याचार करने वालों के विरुद्ध अपने कमज़ोर होने का अहसास रखता है इसलिए गुप्त रूप से अपनी विध्वंसक योजनाओं द्वारा तबाही मचाता है। 9/11 का हादसा, नक्सलवादी प्रहार, लश्कर और हिज़बुल मुजाहिदीन की विध्वंसक गतिविधियाँ इसी आतंकवाद के अंतर्गत आती हैं।"

"क्या तुम उसकी इन बातों से सहमत हो?"

"सहमत तो मैं रत्ती-भर नहीं हूँ। पर लगता है कि यह भी सोचने का एक ढंग है।"

"और मैं समझता हूँ कि यह सोच बहुत ख़तरनाक है। इस पर कोई चेक तो लगाना ही चाहिए।"

"चेक लगाने की ग़लत प्रतिक्रिया भी हो सकती है।"

"ठीक है, तुम उसकी माँ हो और मुझसे ज़्यादा बेहतर इन बातों पर विचार कर सकती हो।"

आलम साहब आयोग जाने की तैयारी करने लगे और अंजना किचेन में जाकर जमीला को कुछ आदेश देती हुई अपने स्टडी रूम की तरफ़ चली गई। जमीला घर की पुरानी नौकरानी थी। खाने-पीने से लेकर घर की सफ़ाई और झाड़ू-पोंछे की सारी ज़िम्मेदारी उसी की थी। बस एक मंदिर वाला कमरा था जिसमें वह कभी नहीं जाती थी।

शाहिद यूनिवर्सिटी जा चुका था और इस समय मित्रों के बीच इंडिया कॉफ़ी हाउस में बैठा भारतीय राजनीति की बख़िया उधेड़ रहा था।

"यार शाहिद, तुम जब देखो हिंदू-मुस्लिम राजनीति की बात करते हो और वह भी दोनों समुदायों को गालियाँ दे-देकर। बेमतलब कबीर बनने का प्रयास क्यों करते हो?" विश्वम्भर ने शाहिद के उत्तेजनापूर्ण भाषण के बीच उसे टोकते हुए कहा।

"क्यों, कुछ ग़लत कहता हूँ क्या? अब इन्हीं को देखो। ये हैं हमारे मित्र विजयानंद। बजरंग दल के सक्रिय सदस्य। क्या जानते हैं ये हिंदू धर्म के बारे में? संस्कृत इन्हें आती नहीं। एक भी धर्मग्रंथ कभी पलटकर नहीं देखा। मुसलमानों को गालियाँ देना और हिंदुओं के वर्चस्व का बखान करना इनका नित्यकर्म है।"

"देखिए शाहिद भाई! आप मुझ पर ग़लत प्रहार कर रहे हैं। खुद तो किसी धर्म में आस्था रखते नहीं। छुट्टे साँड़ की तरह जहाँ-तहाँ मुँह मारते रहते हैं।" विजयानंद ने मुस्कराते हुए शाहिद पर चोट की।

"विजयानंद! तुम एक बात अच्छी तरह जान लो। कम से कम उत्तरी भारत के संबंध में मैं विश्वासपूर्वक कह सकता हूँ। यहाँ के सारे राजनेता धर्म में कोई आस्था नहीं रखते। अपनी कुरूपता और घटियापन को छुपाने के लिए इन्होंने अपने ऊपर धर्म का मुलम्मा चढ़ा रखा है। मेरी दृष्टि में तो भारत में धर्म राजनीति की रखैल बनकर रह गया है।"

"छोड़ यार! दूसरी बात कर। इतिहास विभाग में जो एक चश्मिश लड़की आई है, क्या तूने कभी उस पर ध्यान दिया है?" गोपेश ने विषय बदलने का प्रयास किया।

"उसमें ध्यान देने जैसी क्या बात है?" शाहिद ने पलटकर गोपेश को देखा।

"बात है। तभी तो कह रहा हूँ।"

"क्या है, मैं भी कुछ सुनूँ।"

"वह मेरे मुहल्ले का एक लड़का है नितीश। अंग्रेज़ी में एम०ए० कर रहा है। उसके साथ साली का कुछ लफड़ा चल रहा है। दोनों घंटों पार्क की झाड़ियों में बैठे रहते हैं।"

"इसमें बुराई क्या है और तुझे इतनी परेशानी क्यों हो रही है? ख़ैर, मुझे अब चलना है।" शाहिद ने घड़ी पर नज़र डाली। "अर्थशास्त्र की क्लास का समय हो रहा है।" कहता हुआ शाहिद उठ खड़ा हुआ और फिर सभी मित्र इधर-उधर बिखर गए।

सितंबर के महीने में विश्वविद्यालय में एक वाद-विवाद प्रतियोगिता होने वाली थी। विषय था 'मज़हब नहीं सिखाता आपस में बैर रखना'। शाहिद एक अच्छा ओरेटर माना जाता था। उर्दू विभाग के प्रोफ़ेसर हुसैन ने एक दिन उसे बुलवाया। शाहिद ने स्पष्ट कह दिया, "मैं विषय के पक्ष में नहीं बोल सकता।" प्रोफ़ेसर हुसैन धार्मिक व्यक्ति थे। उन्हें शाहिद का यह उत्तर बहुत अच्छा नहीं लगा। फिर भी उन्होंने

शाहिद को प्रोत्साहित करने में कोई कमी नहीं की।

प्रतियोगिता हुई तो दस वक्ताओं में अकेला शाहिद था जो विपक्ष का मोर्चा सँभाले हुए था। उसका मानना था कि "मज़हब मनुष्य के दिमाग़ की उपज है जिसकी आधारशिला अंधी निष्ठा पर क़ायम है। संसार में शत्रुता के जितने बीज मज़हब के नाम पर बोए गए और इंसानी नस्लों की जितनी फ़सलें मज़हब के नाम पर काटी गईं, उसके उदाहरण अन्यत्र नहीं मिल सकते। ब्राह्मणों और बौद्धों की आपसी लड़ाइयाँ, जैन मंदिरों और बौद्ध विहारों का धराशायी किया जाना मज़हब के आपसी वैर की ही दास्तान हैं। मुसलमानों, यहूदियों और ईसाइयों ने कितने ही रक्त के दरिया बहाए। मस्जिदें तोड़ी गईं, गिरिजाघर ध्वस्त हुए। हिंदू-मुस्लिम, हिंदू-सिख दंगों का इतिहास इसी आपसी शत्रुता का इतिहास है। खुदा या ईश्वर अंतरिक्ष से ग़ैर हाज़िर है और इंसानी रक्त की रोशनाई से इस धरती पर मज़हब के रजिस्टर में अपना अँगूठा निशान लगा रहा है।"

शाहिद का भाषण इतना उत्तेजक था कि जिन छात्रों की मज़हब में गहरी आस्था थी, वे भी अनायास की यंत्रवत् तालियाँ बजा रहे थे।

शाम को शाहिद जब घर लौटा तो अम्मी ने उसके कथ्य पर टिप्पणी किए बिना उसकी भाषण कला को अद्वितीय बताया। मित्रों का समूह पहले ही बल्ले-बल्ले कर चुका था।

बी०ए० करने के बाद शाहिद दिल्ली चला गया। मास कम्युनिकेशन की डिग्री उसके लिए काफ़ी महत्त्वपूर्ण थी। दिल्ली का वातावरण उसकी प्रकृति के अनुकूल था। प्रोत्साहन मिला तो उसने साहस जुटाकर अख़बारों में लिखना शुरू कर दिया। भाजपाइयों और कांग्रेसियों के मुखौटों पर विशेष प्रहार किए। कई बार कश्मीर जाकर वहाँ की स्थितियों का स्वयं अवलोकन किया। कभी लगता कि शाहिद मुसलमानों का बहुत गहरा हितैषी और हमदर्द है। कभी मुल्लाओं और मौलवियों के परख़चे इस तरह उड़ाता कि रफूगर भी हाथ पर हाथ रखकर बैठ जाते। उसकी पैनी दृष्टि हर घटना को एक अलग कोण से देखती।

इधर एक महीने से हर शाम नीता कोड़ियाल शाहिद के साथ घंटों विभिन्न विषयों पर बात करते देखी जाती। बंबई से वह इसी वर्ष आई थी और किसी इंस्टीट्यूट से नारको एनालसिस का डिप्लोमा कर रही थी। मध्य एशियाई देशों का उसे अच्छा ज्ञान था। अबूधाबी में तीन-चार वर्ष बिताकर उसने वहाँ की जीवन पद्धति को गहराई से समझा था। पाकिस्तान की सामरिक क्षमताओं पर भी वह अच्छी-ख़ासी समीक्षात्मक दृष्टि रखती थी। शाहिद उसके व्यक्तित्व से बहुत प्रभावित था।

जाड़े की छुट्टियाँ घोषित हो गई थीं। शाहिद ने अम्मी को फ़ोन किया कि वह प्रयागराज ट्रेन से चलकर सुबह इलाहाबाद पहुँच जाएगा। उसके साथ उसकी एक दोस्त भी होगी। उसने अम्मी को यह भी बताया कि पिछले कई दिनों से दिल्ली के हालात बहुत ख़राब चल रहे हैं। सीरियल बम धमाकों की तबाही से दिल्ली सहमी हुई है। इसलिए यहाँ रुकने का और भी कोई औचित्य नहीं है।

फ़ोन पर बेटे के आने की सूचना पाकर अंजना आलम बहुत ख़ुश थीं। उन्होंने तत्काल ड्राइवर को बुलाकर ताक़ीद कर दी कि वह सुबह सही समय पर स्टेशन पहुँच जाए।

दूसरे दिन प्रयागराज ट्रेन आई किंतु शाहिद नहीं आया। पूरा घर परेशान और चिंतित था। शाहिद का मोबाइल भी काम नहीं कर रहा था। श्रीमती आलम और श्री आलम बार-बार संपर्क बनाने का प्रयास कर रहे थे।

दस बजे के लगभग घर की घंटी बजी। अंजना आलम स्वयं दरवाज़ा खोलने गईं। सामने विश्वम्भर खड़ा था। चेहरे पर हवाइयाँ उड़ रही थीं। "अम्मी, क्या आपने स्टार न्यूज़ सुना?"

"क्यों, क्या बात है?"

"शाहिद भाई...।" इसके आगे उसकी आवाज़ नहीं निकली।

अंजना आलम उलटे पाँव दौड़ती हुई घर में आईं। टी०वी० पर स्टार न्यूज़ लगाया तो भौंचक रह गईं।

पुलिस के घेरे में शाहिद और उसके साथ एक लड़की का चेहरा साफ़ देखा जा सकता था। न्यूज़ रीडर की आवाज़ आ रही थी, "राजधानी के सीरियल बम-ब्लास्ट के सिलसिले में दिल्ली पुलिस को एक भारी सफलता हाथ लगी है। लश्कर के लिए काम करने वाले दो ख़तरनाक आतंकवादी जिनमें एक महिला भी है, दिल्ली से भागते हुए दबोच लिए गए। उनके पास से आपत्तिजनक साहित्य, गुजराती दंगों की सी०डी० और बम बनाने की सामग्री बरामद की गई है। पिछले चार-पाँच महीनों में ये दोनों ही ख़तरनाक अपराधी कई बार कश्मीर गए हैं। छानबीन की जा रही है और महत्त्वपूर्ण सूचनाएँ मिलने की संभावना है।"

उस रात शाहिद ने हवालात के तंग कमरे में हलकी-सी झपकी लग जाने पर फिर वही ख़्वाब देखा। वही जंगल था। वही स्टैचू थे। सब कुछ वैसा ही था। बस आज के ख़्वाब में इतना और जुड़ गया था कि एक पुलिसकर्मी भारत की धरती से उठा था और उसने अपनी सियाह उँगलियों से शाहिद के माथे पर लिख दिया था—'दहशतगर्द'।

संजोग

गाँव में दस-ग्यारह वर्ष की बच्चियों की सगाई कोई अचंभे की बात नहीं थी। पंडित धनीराम का बेटा शरद तिवारी पंद्रह साल का हो चुका था। वैशाली भी दस पार कर चुकी थी। इसलिए पंडित जयपाल की चिंता बेजा नहीं थी। जब दोनों बच्चे बहुत छोटे थे, उसी समय दोनों मित्रों ने इस संबंध की बात कर ली थी। ईश्वर का करना कुछ ऐसा हुआ कि दोनों घरों में इनके बाद कोई और संतान नहीं हुई। शरद शहर के स्कूल में नौवीं जमात में आ गया। पढ़ने में हमेशा अव्वल। वैशाली भी पाँचवीं पास करके छठी में आ गई थी। शक्ल-सूरत से बहुत सुंदर तो नहीं थी पर दिमाग़ की बड़ी तेज़ थी। गणित के सवाल हल करने में उसके सहपाठियों में उसके जैसा कोई नहीं था। रिश्ते के बड़े-बूढ़ों ने मिल-बैठकर सगाई की तारीख़ पक्की कर दी। तय हुआ कि जाड़े में जब दोनों की स्कूल की छुट्टियाँ होंगी, उसी बीच सगाई कर दी जाएगी। लेन-देन का कुछ मामला था नहीं। दोनों घरों में ज़मीन-जायदाद जो भी था, शरद और वैशाली ही उसके वारिस थे।

कितने धूमधाम से हुई थी दोनों की सगाई! पूरे क्षेत्र में कोई ब्राह्मण परिवार ऐसा नहीं था जिसने वर-वधू को आशीर्वाद न दिया हो। पंडित हरिहरनाथ घर के बाहरी बरामदे में खाट पर बैठे पचास वर्ष पुराने अतीत में खो गए थे। शरद से वे आयु में दस वर्ष बड़े थे। सगाई के समय उन्हें अच्छी तरह याद है कि वे पच्चीस के हो चुके थे। पत्नी और दोनों बच्चों के साथ पहली बार किसी की सगाई में जाने का आनंद ही कुछ और था। गाँव के कई लड़कों ने मिलकर शरद से कितनी छेड़-छाड़ की थी उस दिन। वे बड़े ज़रूर थे, पर मनोरंजन का कोई अवसर उन्होंने ही कब छोड़ा था। जाने कौन-सा दृश्य पंडित हरिहरनाथ की आँखों में घूम गया कि वे अपनी हँसी नहीं रोक पाए। अचानक शारदा की आवाज़ सुनकर वे चौंक पड़े।

"क्या अकेले बैठे-बैठे हँस रहे हो! लगता है सठिया गए हो?"

"अरे नहीं शारदा, वैशाली और शरद की सगाई तुम्हें याद है न?"

"कौन वैशाली और कौन शरद?"

"अरे, वही दोनों जो पढ़ने-लिखने के बाद गाँव-घर छोड़कर अमरीका चले गए।"

"लो, उन्हें कौन भूल सकता है?"

"बस, बैठे-बैठे उनकी सगाई का एक दृश्य याद आ गया और हँसी आ गई।"

"एक बात है, बड़ी जीवट वाली महिला थी वैशाली।"

"सो तो है।"

"जिस साल उसका गौना हुआ था, शरद आगरा कॉलेज में डॉक्टरी में आ गया था। सास-ससुर की सारी जिम्मेदारी वैशाली ने अकेले सँभाल रखी थी। और साथ-साथ पढ़ाई भी कर रही थी।"

"मुझे याद है, उसने इंटर प्रथम श्रेणी में किया था।"

"अब तो उन दोनों के बच्चे भी बड़े-बड़े पदों पर होंगे।"

"हाँ, चार लड़के थे। सब डॉक्टर और इंजीनियर हैं।"

"वे सब भी बाल-बच्चे वाले होंगे।"

"इसका तो पता नहीं। हाँ, वहीं की मेमों से शादियाँ करके सब सुख-चैन से जी रहे हैं।"

"राम राम, वंश और कुल की मर्यादा का भी उन्हें ध्यान नहीं रहा।"

"शारदा तुम बिलकुल भोली हो।"

"क्यों? क्या कुछ ग़लत कह दिया मैंने?"

"अरे भई, वंश, कुल, मर्यादा जैसे शब्द हमारे देश में ही अपना अर्थ रखते हैं। विदेशों में इनकी ओर कोई ध्यान नहीं देता।"

"फिर तो मांस, मछली, मदिरा सब कुछ खा-पी रहे होंगे वे लोग।"

"उनकी बात छोड़ो। मांस, मछली, मदिरा अब हमारे देश में भी बड़े-बड़े ब्राह्मण परिवार के लोग खाते हैं। संपन्नता और अधिकार आदर्शों को निगल जाते हैं।"

"तो शास्त्रों में जो कुछ लिखा है, वह सब ग़लत है?"

"शास्त्र साधारण जन-जीवन का मार्गदर्शन करते हैं, विशिष्ट लोगों का नहीं।"

"ये विशिष्ट लोग क्या आसमान से टपकते हैं?"

"आसमान से टपकते नहीं, धरती से इतना ऊपर उठ जाते हैं कि आसमान को छूने लगते हैं।"

"ये सब दर्शन की बातें हैं। ये मेरी समझ में नहीं आतीं।"

"क्यों? मैं कोई गूढ़ बात तो कह नहीं रहा हूँ।"

"फिर भी बुढ़ापे की बुद्धि में ये बातें नहीं समातीं।"

"अच्छा यूँ समझो कि यह धरती, धरती इसलिए है कि दुःख झेलती है, सब कुछ सहन करती है और धीरज कभी नहीं छोड़ती।"

"वह तो है।"

"अब जो लोग इस धरती से चिपके रहते हैं। इसकी मर्यादा के प्रति आस्थावान हैं, कष्ट तो उन्हें भी झेलना पड़ेगा।"

"ये बात भी ठीक है।"

"इसीलिए बड़े लोग कष्ट से मुक्त रहने के लिए धरती की मर्यादाओं के मोह से मुक्त हो जाते हैं। तुम देखती नहीं हो, देवता भी आकाशलोक में विचरण करते हैं।"

"किंतु धरती तो हमारी माँ है। माँ की मर्यादाएँ भला कैसे त्यागी जा सकती हैं?"

"ये हमारी पौराणिक और धार्मिक मान्यताएँ हैं। भौतिक मान्यताएँ इनसे मेल नहीं खातीं।"

"ख़ैर, छोड़ो इन बातों को। मैं तुम्हारे पास इसलिए आई थी कि मालती बिटिया को देखे अब साल-भर हो रहा है। उसको किसी से संदेश भिजवाओ कि दस-पंद्रह दिन यहाँ आकर रह जाए। अब हम बूढ़ों का क्या भरोसा? कभी भी बुलावा आ सकता है।"

"बात तुम्हारी ठीक है। मैं किसी को शीघ्र ही वहाँ भेजूँगा। और हाँ, तुमने यह नहीं पूछा शारदा कि मैं अचानक आज वैशाली और शरद की बात कहाँ से छेड़ बैठा।"

"सोचा तो मैंने था, पर बातें ऐसी निकलती गईं कि पूछने का ध्यान ही नहीं रहा।"

"हुआ यह कि आज ही डाकिया वैशाली की यह चिट्ठी दे गया था। चिट्ठी पढ़कर पुरानी बातें याद आ गईं।"

"क्या लिखा है वैशाली ने?"

"वैशाली ने लिखा है कि वह पिछले तीस वर्षों से मिशिगन में रहती है। चारों बेटे अलग-अलग शहरों में सुख से रह रहे हैं। शरद न्यूयॉर्क के लाँग आइलैंड में अपना निजी अस्पताल चला रहा है। वैशाली को एक आवश्यक कार्य के लिए अपने विवाह का प्रमाण पत्र चाहिए। वह चाहती है कि जो लोग उसके विवाह में सम्मिलित थे, उनमें से जितने भी जीवित हैं उनका शपथपत्र जुटाकर मैं उसके पास भेज दूँ।"

"फिर तुमने क्या सोचा है?"

"इसमें सोचना क्या है। कम से कम गाँव में बीस-बाईस लोग तो ऐसे हैं ही जो शपथपत्र दे सकते हैं। सौभाग्य से अभी पंडित संपूर्णानंद भी जीवित हैं जिन्होंने विवाह के मंत्र पढ़े थे।"

"एक शपथपत्र मेरा भी दे देना। और मैं शकुंतला, वैदेही और मनोरमा से भी

बात कर लूँगी।"

पंडित हरिहरनाथ ने काफ़ी भाग-दौड़ की और तहसील के कई चक्कर लगाए। चौबीस शपथपत्र तैयार कराने में उन्हें पूरे चौदह दिन लग गए। एक बड़े से लिफ़ाफ़े में शपथपत्र रखे और वैशाली के पते पर रजिस्ट्री कर दी। उस दिन जब वह घर लौटे तो पति और पत्नी दोनों इतने प्रसन्न थे जैसे तीर्थ यात्रा करके आए हों।

वैशाली मिशिगन में अपने दो कमरों के फ्लैट की बालकनी में बैठी एक पत्रिका पढ़ रही थी। इसी समय उसे पंडित हरिहरनाथ की रजिस्ट्री मिली। उसे यह देखकर सुखद आश्चर्य हुआ कि उसके लिए इतने बहुत से लोगों ने शपथ-पत्र दिए हैं। वह एक-एक नाम पढ़ती गई। अतीत के झरोखों से निकलकर ढेर सारे लोग उसके पास खड़े थे। उसकी सजल आँखें आँसुओं के प्रवाह को नहीं रोक पाईं। कितनी आत्मीयता है उसके गाँव के लोगों में उसके प्रति! उसे याद आया कि जब वह पहली बार अमरीका जाने के लिए शरद और दो बच्चों के साथ दिल्ली हवाई अड्डे पर आई थी, गाँव के कितने ही लोग उसे छोड़ने आए थे। पंडित हरिहरनाथ पत्नी के अस्वस्थ होने के कारण दिल्ली तक तो नहीं आ सके थे पर गाँव से चलते समय उन्होंने जिस प्रकार विदा किया था, वह आँसुओं में लगभग नहा-सी गई थी। मिशिगन आने पर शरद ने भी न जाने कितने स्वप्न उसके आँचल में उँड़ेल दिए थे। उन्हीं के कहने पर उसने क्लीनिकल साइकोलॉजी में ग्रेजुएशन किया था। शरद जिस ज़माने में एक वर्ष के लिए फ्रांस गए थे, उसने बच्चों के साथ घर का दायित्व इस तरह सँभाला था कि फ्रांस से लौटने के बाद शरद ने भी उसकी प्रशंसा की थी। किंतु न्यूयॉर्क जाते ही शरद का व्यक्तित्व जैसे बदल-सा गया था। पहले सप्ताह में एक बार फ़ोन ज़रूर कर लेते थे। बच्चों की शिक्षा का भी ध्यान था उन्हें। पर धीरे-धीरे सारे संपर्क टूट गए। अब तो लगभग बीस वर्ष हो रहे हैं शरद ने ऐसी चुप्पी साध ली है कि लगता है जैसे संबंध कभी थे ही नहीं। बच्चों ने भी अपनी-अपनी दुनिया सँभाल लेने के बाद उसकी कोई ख़बर नहीं ली। यह फ़्लैट उसने यदि लोन लेकर न ख़रीदा होता तो आज सिर छुपाने को भी जगह न होती। अब इकसठ वर्ष की उसकी अवस्था हो गई है और वह अस्वस्थ भी रहने लगी है। सामाजिक सुरक्षाकवच के रूप में उसे तीन सौ साठ डॉलर प्रति माह अवश्य मिल जाते हैं। पर मिशिगन जैसी जगह में इतने कम पैसों में गुज़ारा कर पाना कितना मुश्किल है।

वैशाली ने कमरे में जाकर डाइरेक्ट्री उठाई और उसमें से अपने वकील का नंबर निकालकर उसे फ़ोन किया। शाम के छह बजे वकील ने अपने आने का समय देकर वैशाली को आश्वस्त कर दिया।

गाँव की यादों और परिजनों तथा संबंधियों की स्नेहिल स्मृतियों के सहारे शाम तक का समय किस प्रकार कट गया वैशाली को पता भी नहीं चला। आत्मीयता के भावों की मिठास के समक्ष भौतिक उपलब्धियों का आस्वादन पूरी तरह फीका पड़ जाता है। भौतिकता मनुष्य को एक सीमा तक जड़ बना देती है और यह जड़ होना इंसानी रिश्तों को नकारना है। स्पंदनरहित जीवन भव्य और चमकीला हो सकता है किंतु रचनात्मक ऊर्जा के निचुड़ जाने से उसकी धरती पथरीली और सपाट हो जाती है। वैशाली ने अपने व्यक्तित्व में एक दार्शनिक का वजूद महसूस किया।

शाम को वकील साहब के आने पर वैशाली ने अपनी सारी कहानी उनके समक्ष खोलकर रख दी और निर्णायक स्वर में स्पष्ट कह दिया कि वह अपने पति से तलाक़ चाहती है। साथ ही जो विगत बीस वर्षों में उसका मानसिक उत्पीड़न किया गया है, उसके लिए तीन लाख डॉलर का हर्जाना भी।

"क्या आपके पास आप दोनों का विवाह संपन्न होने का कोई प्रमाणपत्र है?" वकील ने बहुत नरमी से प्रश्न किया।

"आप जानते हैं कि भारत में परंपरागत विवाहों का कोई पंजीकरण नहीं होता। मैंने गाँव के लोगों के ये शपथपत्र मँगा लिए हैं। आप इनका अवलोकन कर सकते हैं।" वैशाली ने गाँव से आए शपथपत्रों को वकील साहब की ओर बढ़ाते हुए शालीनता से उत्तर दिया।

वकील ने एक-एक शपथपत्र को ध्यानपूर्वक देखा। फिर कुर्सी से उठता हुआ बोला, "आप निश्चिंत रहिए, तलाक़ और हर्जाने का दावा दो दिनों के भीतर दाख़िल कर दिया जाएगा।"

तीसरे दिन सूट फ़ाइल किए जाने की सूचना वैशाली को मिल गई। शरद को अदालत का नोटिस जब मिला तो उसके पैरों के नीचे से ज़मीन खिसक गई। वैशाली जैसी सीधी-सादी महिला यह क़दम भी उठा सकती है, इसकी उसने कल्पना भी नहीं की थी। सात दिनों के भीतर जवाबतलब किया गया था।

दस-पंद्रह दिनों के बाद एक दिन वकील स्वयं फ़ोन करके वैशाली के घर आ गया। शरद के लिखित बयान की नक़ल भी अपने साथ लाया था।

शरद ने लिखा था कि 'यह सही है कि उसने पच्चीस वर्ष वैशाली के साथ गुज़ारे। यह भी ठीक है कि उसके चार बेटे वैशाली से हुए और उनका पालन-पोषण वैशाली ने किया। किंतु उनकी पढ़ाई का सारा ख़र्च वह स्वयं वहन करता रहा। इन तथ्यों से कहीं भी यह साबित नहीं होता कि वैशाली के साथ उसका विवाह हुआ था। सच्चाई यही है कि वैशाली वैधानिक रूप से कभी उसकी पत्नी थी ही नहीं। इस

स्थिति में तलाक़ और हर्जाने की रक़म का प्रश्न सर्वथा निराधार है।'

शरद का बयान सुनकर वैशाली को कोई आश्चर्य नहीं हुआ। वह एकटक वकील साहब की ओर देखती रही। वकील ने बताया कि शरद को न्यायालय में तलब किया गया है। दस दिन बाद उसका बयान और जिरह होगी।

समय गुज़रते देर नहीं लगती। नियत तारीख़ और समय पर वैशाली न्यायालय पहुँच गई। शरद भी वहाँ मौजूद था किंतु दोनों की कोई बात नहीं हुई।

शरद ने न्यायालय के समक्ष अपना बयान देते हुए कहा, "मैं और वैशाली भारत में एक ही गाँव के रहने वाले थे। मेरे और उसके परिवार के बीच बड़ी घनिष्ठता थी। वैशाली जब बहुत छोटी थी, उस समय भी मेरे घर आती थी और अम्मा के साथ दो-दो दिन रुक जाती थी। हमारा गाँव गंगा के किनारे बसा हुआ है। एक वर्ष गंगा में बहुत ज़बरदस्त बाढ़ आई और पूरा गाँव तबाह हो गया। वैशाली उन दिनों संजोग से अम्मा और बाबूजी के साथ मथुरा गई हुई थी। इस बाढ़ में वैशाली के माता-पिता का निधन हो गया। उसके घर में उसका और कोई निकट संबंधी नहीं था। यह मात्र संजोग है कि वैशाली तभी से मेरे घर में रहने लगी। कुछ वर्षों बाद मेरे माता-पिता भी चल बसे और वैशाली मेरे साथ अमेरिका आ गई। मेरा उसका विवाह कभी नहीं हुआ। और जब विवाह नहीं हुआ तो तलाक़ किस आधार पर दिया जा सकता है?"

क्रॉस एक्ज़ामिनेशन के लिए वैशाली के वकील खड़े हुए। "क्या यह सच है कि वैशाली से आपके दो बेटे भारत में पैदा हुए?"

"जी हाँ।"

"क्या भारतीय समाज में कोई बिना ब्याही लड़की किसी पुरुष के साथ रहकर उसके बच्चों की माँ बन सकती है? या यह भी केवल संजोग है कि गाँव वालों ने चुपचाप सब बर्दाश्त कर लिया।"

शरद कुछ नहीं बोला। हाँ, उसके चेहरे पर पसीने की कुछ बूँदें ज़रूर छलक पड़ीं।

वकील ने न्यायाधीश को संबोधित करते हुए कहा, "मी लॉर्ड, मैं इनके गाँव के कुछ बड़े-बूढ़ों के शपथपत्र प्रस्तुत कर रहा हूँ जिनके प्रामाणिक अंग्रेज़ी अनुवाद मैंने करा लिए हैं। मैं शरद जी से जानना चाहूँगा कि इनके गाँव के चौबीस लोगों का ये शपथपत्र देना कि वैशाली और शरद का विवाह उनकी आँखों के सामने उनकी उपस्थिति में हुआ, एक सच्चाई है या इसे भी ये मात्र संजोग कहना चाहेंगे?"

शरद के मुख से एक शब्द भी नहीं फूटा। उसकी आँखें वैशाली के चेहरे पर टिकी हुई थीं।

मन का बोझ

डॉ० सिद्दीक़ी बच्चू सिंह को लाख समझाते रहे कि तुम्हारे किशनू भैया का नाम सुनील दत्त नहीं था। ये सुनील दत्त जिनका निधन हुआ है, ये झेलम, पाकिस्तान से आए थे और इनका नाम बलराज दत्त था, किंतु उनके आँसू थमने का नाम नहीं ले रहे थे।

"साहब, आप तो यहाँ कल आए हैं। हमारी तो परवरिस उनके परिवार ने की है। हम कैसे मान लें कि हमारे किसनू भैया सुनील दत्त नहीं थे।" बच्चू सिंह ने कंधे पर पड़े सफ़ेद गमछे से आँसू पोंछते हुए कहा।

डॉ० सिद्दीक़ी अब भला उनसे क्या कहते? वैसे भी वह उनके अधिकारी रह चुके थे। रिटायर होने के बाद से कोठी की सफ़ाई की सारी ज़िम्मेदारी उन्हीं की थी। सफ़ाई तो वह बहुत अच्छी नहीं करते थे पर उनकी सच्चाई और ईमानदारी ने डॉ० सिद्दीक़ी को पूरी तरह जीत लिया था। परिवार कहीं भी बाहर जाता तो सिद्दीक़ी साहब घर की सारी चाभियाँ बच्चू सिंह को ही देकर जाते थे। बड़ा बेटा और बड़ी बेटी दिल्ली में पढ़ रहे थे। सिद्दीक़ी साहब के साथ उनकी पत्नी के अतिरिक्त तीन बेटियाँ रहती थीं। जिनमें बड़ी वाली एम०ए० के दूसरे वर्ष में थी। उससे छोटी बी०ए० कर रही थी और सबसे छोटी अभी ग्यारहवीं में आई थी। बच्चू सिंह इन्हें अकसर सुनील दत्त के क़िस्से सुनाया करते। अनूशा और सानिया को इन क़िस्सों में ख़ास दिलचस्पी नहीं थी, लेकिन दीबा उनसे ये किस्से बड़े मज़े लेकर सुनती। अकसर वह उन्हें घेरकर बैठ जाती और सुनील दत्त का क़िस्सा सुने बग़ैर चैन न लेने देती। एकाध किस्से तो ऐसे थे कि जिनको बार-बार सुनकर भी उसकी तृप्ति न होती। क़िस्सों में था ही कुछ ऐसा मज़ा कि दीबा के चेहरे पर खिली-खिली-सी उसकी ख़ूबसूरत बड़ी आँखें आश्चर्य से फैलकर और बड़ी हो जातीं।

"किसनू भैया के बाबा बहुत बड़े ताल्लुकेदार थे।" अभी बच्चू सिंह इतना ही कह पाते कि दीबा टोक देती।

"सुनील दत्त कहिए न। किसनू भैया सुनने में मज़ा नहीं आता।"

"हाँ-हाँ, वही सुनील दत्त। नाम तो उनका किसनू ही था, किसनपाल। फिल्मबाजी

में पड़ गए तो बदलकर नाम सुनील दत्त रख लिया।"

"हाँ तो आप उनके बाबा के बारे में क्या बता रहे थे?"

"मैं बता रहा था कि उनकी चार एकड़ की हवेली थी। दस-बीस गाँवों में उनके जैसा कोई मकान नहीं था। और गाँव ही क्या, उस समय तो अलीगढ़ सहर में भी इतना बड़ा मकान बस दो-एक नवाबों का था। सिकंदरा राऊ तहसील का कोई गाँव ऐसा नहीं था जो उनकी जमींदारी में न रहा हो। मुरसान के राजा स्वयं उनसे मिलने आते थे। हवेली की चारदीवारी में ही एक बड़ा-सा अस्तबल था जिसमें दस-बारह घोड़े हर समय बँधे रहते। तीन-तीन साईस इन घोड़ों की देखभाल करते। क्या मजाल कि एक मक्खी भी किसी घोड़े पर बैठ जाए। सुनील दत्त को सफेद घोड़ा बहुत पसंद था। ऐसा सफेद था उनका घोड़ा कि उजले से उजला कपड़ा भी उसके सामने फीका पड़ जाए।"

"आपने देखा था उनका घोड़ा?"

"अरे मुन्नी, तुम भी खूब कहती हो। मैं तो दिन-रात किसनू भैया की सेवा में ही रहता था। हाँ, जब वो पढ़ने कॉलेज चले गए, मैं उनके साथ नहीं जा पाया था।" कुछ उदास से होते हुए बच्चू सिंह ने कहा, "मैं छोटी जात का था न। हॉस्टल में कैसे रखते वो मुझे अपने पास। ठीक है उनको परहेज नहीं था, पर दूसरे लोग तो मेरे हाथ का पानी नहीं पी सकते थे।"

डॉ० सिद्दीक़ी की बड़ी बेटी लुबीना दिल्ली से आई हुई थी। बच्चू सिंह का अंतिम वाक्य उसने सुन लिया था। पास आकर बोली, "भाई, क्या आपके हाथ में आपकी ज़ात चिपकी हुई थी जो पानी उठाने पर छटक कर पानी में चली जाती।"

"नहीं बीबी, जे बात नहीं है।" मुस्लिम यूनिवर्सिटी में बैरों, चपरासियों और मालियों को लड़कियाँ भाई कहती थीं। और ये लोग बड़ी बच्चियों से बीबी कहकर बात करते थे।

"फिर क्या बात है?" लुबीना ने मुस्कराते हुए पूछा।

"जात-पाँत तो सब परमात्मा की बनाई हुई है। जिस ब्रह्मा ने यह संसार रचा है, उसी ने छोटी-बड़ी जात भी बना दी है।"

"देखिए भाई, अगर कोई भैंसों और मुर्ग़ियों में छोटी-बड़ी ज़ात की बात करे तब तो शायद मैं मान लूँ। बड़ी ज़ात की भैंस ज़्यादा दूध देती है, बड़ी ज़ात की मुर्ग़ियाँ साइज़ में बड़ी होती हैं और उनके अंडे भी बड़े होते हैं। इंसान तो सभी एक जैसे होते हैं।"

"बीबी, आपकी बात ठीक है, पर सास्त्रों में ऐसा ही लिखा है। हम लोग सूद्र

हैं जो ब्रह्मा के चरनों से पैदा हुए।"

"आप भी, भाई कमाल करते हैं। शास्त्रों में तो और भी बहुत कुछ लिखा हुआ है। हिंदू धर्म में देवताओं के चरण पूजे जाते हैं। आप ख़ुद सोचिए। क्या ब्रह्मा जी के चरण बहुत गंदे थे या उनमें कोई रोग था कि उन चरणों से जो पैदा हुआ वह अछूत बन गया।"

बच्चू सिंह की आँखों में चमक-सी आ गई, "बीबी, जे बातें और लोग मानें जब तो।"

लुबीना की मांसपेशियाँ तन गईं, "कोई आसानी से मानता कब है, बात मनवाई जाती है। भारत के लोग ख़ुद को आर्य कहते हैं। मैंने एक किताब में पढ़ा था–'ईरानी आर्यों का विश्वास है कि प्रारंभ में पुरुष के शरीर के टुकड़े किए गए। सिर से आकाश बना, पाँव से धरती बनी, आँसुओं से जल, बालों से वनस्पति और मस्तिष्क से आग।' इतना ही नहीं ऋग्वेद में बताया गया है–'पुरुष के हज़ारों सिर थे, हज़ार आँखें थीं, हज़ार पाँव। उसने भूमि को हर तरफ़ से घेर रखा था। उसका शरीर दस अंगुल बाहर था।' इस तरह की बातें तमाम देशों के प्राचीन ग्रंथों में मिलती हैं। सच्चाई यही है कि सारी मनुष्य जाति आदम, हव्वा की संतान हैं। और सभी संतानें आपस में बराबर हैं। छोटी और बड़ी जात की बात सरासर बकवास है।"

"लेकिन बीबी, आदम, हव्वा को केवल मुसलमान मानते हैं, हिंदू उन्हें नहीं मानते।"

"हिंदू क्यों नहीं मानते, ये तो वही जानें। यहूदी, ईसाई सभी आदम, हव्वा पर यक़ीन रखते हैं।"

दीबा इन बातों को सुनकर बोर हो रही थी। चुप न रहा गया तो बोल पड़ी, "बड़ी अप्पी, आपने सारा मज़ा किरकिरा कर दिया। ख़ैर, फिर सही।" कहती हुई वहाँ से उठ गई। बच्चू सिंह भी अपने काम में व्यस्त हो गए। मालिकों की बात काटना उनके स्वभाव में नहीं था।

यह कोई एक दिन की बात नहीं थी। सप्ताह में दो-तीन बार तो लड़कियाँ बच्चू सिंह को घेर ही लेती थीं। दीबा को सुनील दत्त के क़िस्सों के अलावा और बातों में दिलचस्पी नहीं थी। पर अनूशा और सानिया को यह सुनने में बहुत मज़ा आता था कि राजा बलि को देवताओं ने किस तरह छला, गंगा शिवजी की जटा से किस प्रकार निकलीं, गुरु द्रोणाचार्य ने एकलव्य का अँगूठा क्यों कटवा दिया, प्रह्लाद को जलती आग में क्यों बैठना पड़ा, राजा दधीचि के शरीर की हड्डियाँ देवताओं ने क्यों माँगीं। बच्चू सिंह के पास भंडार था इन कथाओं का। और फिर कबीर के तो ऐसे-ऐसे सबद

उन्हें याद थे कि बस सुनते रहिए। ख़ूबी यह थी कि साथ-साथ व्याख्या भी करते चलते। बीच-बीच में यह टुकड़ा लगाना न भूलते, "मैं पढ़ा-लिखा तो हूँ नहीं, बड़े बूढ़ों से जो सुना है, वही सुना रहा हूँ।"

कबीर के सबद सुनकर सानिया को मज़ा तो बहुत आता, लेकिन वह भीतर ही भीतर कसमसाकर रह जाती। हुआ यूँ कि उसने बच्चू सिंह के सुनाए हुए सबद अपनी कॉपी में नोट कर लिए थे। एक दिन अपनी हिंदी टीचर को उसने यह सबद दिखाए।

पढ़कर उन्होंने कॉपी एक तरफ़ खिसकाते हुए कहा, "यह कबीर की रचनाएँ नहीं हैं।"

उस दिन सानिया का दिल टूट गया था। कॉलेज से आने पर वह सीधे अनूशा के कमरे में गई थी।

"आपा, भाई जो कबीर के सबद सुनाते हैं, वह आपको याद हैं न?"

"हाँ, कुछ तो याद हैं।"

"उन्होंने एक सबद इसी तरह सुनाया था न–

रंगी को नारंगी कहते, तत्त माल को खोया।
गड़ी हुई को उखड़ी कहते, देख कबीरा रोया।।"

"हाँ, ये सबद तो इसी तरह सुनाया था।"

"मैंने अपनी टीचर को ये सबद लिखकर दिए थे। उन्होंने मुझसे साफ़ कह दिया कि ये कबीर के सबद नहीं हैं।"

"तो नहीं होंगे, इसमें बुरा मानने की क्या बात है!"

"जब कबीर के नहीं हैं तो भाई इन्हें कबीर के नाम से क्यों सुनाते हैं?"

"देखो सानिया, साहित्य की परंपरा अलग होती है और लोक की परंपरा अलग। भाई जो सुनाते हैं वो सबद लोक-परंपरा से उनके पास आया है। तुम्हें तो बस इनका मज़ा लेना चाहिए।"

सानिया की समझ में आपा की बात आ गई थी। फिर भी जब भाई कबीर के सबद सुनाते, उसे हिंदी टीचर का चेहरा याद आ जाता और उसके भीतर गूँजने लगता, "यह कबीर की रचना नहीं हैं।"

वैसे बच्चू सिंह इधर-उधर की छुट-पुट बातें भी बड़े दिलचस्प ढंग से सुनाते। एक दिन अनूशा को अपने मुहल्ले की कोई घटना सुनाते हुए बोले, "बीबी, यह कलजुग है। इसमें बस दो ही चीजें तरक्की पर हैं एक जमीन और दूसरा कमीन।

जमीन के भाव आसमान छू रहे हैं और कमीन से अधिकारी तक डरते हैं। क्या पता कब विधायक चुन लिया जाए और मिनिस्टर बन जाए।"

लेकिन उस दिन जब सुबह-सुबह बच्चू सिंह आए और चुपचाप कोठी की सफ़ाई में जुट गए तो किसी ने उनकी तरफ़ ध्यान भी नहीं दिया था। वह तो दीबा अचानक किसी काम से आँगन में निकली और उसे बच्चू सिंह की आँखों से रिसते आँसू दिखाई दे गए।

"भाई क्या बात है? आपकी तबीयत तो ठीक है?"

"क्या बताएँ मुन्नी, रात को समाचार सुना कि किसनू भैया इस दुनिया में नहीं रहे। उसके बाद से किसी काम में मन ही नहीं लगता।" इतना कहते-कहते उनकी आँखें छलक पड़ीं।

दीबा दौड़ी-दौड़ी डॉ० सिद्दीक़ी के कमरे में गई। "अब्बू, देखिए भाई रो रहे हैं।"

डॉ० सिद्दीक़ी बच्चू सिंह से बहुत कम बातें करते थे। पर उनके रोने की बात सुनकर वह तुरंत ही बाहर आए थे। यहाँ बच्चू सिंह सुनील दत्त को अपना किशनू भैया बताकर उनके निधन पर आँसू बहा रहे थे। डॉ० सिद्दीक़ी सुनील दत्त से दिल्ली में मिल चुके थे और अच्छी तरह जानते थे कि उनका परिवार बँटवारे के समय झेलम से आया था। पर बच्चू सिंह को यह विश्वास दिलाना बहुत मुश्किल था। कुछ सोचकर डॉ० सिद्दीक़ी ने उनकी तसल्ली के लिए पूछ लिया।

"भई बच्चू सिंह, ये तुम्हारे किसनू भैया कहाँ के रहने वाले थे?"

"डॉक्टर साहब, जे बात देस की आजादी से तीन-चार वर्ष पहले की है। मैं दस वर्ष का था कि मेरे माँ-बाप दोनों ही चल बसे। मेरे गाँव दौगामा में मेरा एक भी संबंधी नहीं था जो मेरी देखभाल करता। मेरे नाना का नाम पुन्ना था। वह गड़ोला में ठाकुर रामपाल की हवेली में सफाई का काम करते थे। नाना आकर मुझे अपने साथ ले गए और किसनू भैया की सेवा के लिए मुझे रखवा दिया।"

"इसका मतलब ये है कि तुम्हारे किशनू भैया ठाकुर थे?"

"हाँ साहब।"

"पर जितना मैं जानता हूँ सुनील दत्त जी ब्राह्मण थे और दत्त सिर्फ़ ब्राह्मण ही लिखते हैं। अरब में करबला के महायुद्ध में इन दत्त ब्राह्मणों ने हज़रत हुसैन का साथ दिया था और बहुत से ब्राह्मण शहीद भी हुए थे। इसी आधार पर दत्त परिवार के लोग हुसैनी ब्राह्मण कहलाते हैं। हमारे यहाँ गाज़ीपुर में आज भी हुसैनी ब्राह्मणों के कई परिवार रहते हैं।"

बच्चू सिंह धैर्यपूर्वक सारी बातें सुनने के बाद बोले, "डॉक्टर साहब, आप ठीक

कहते हैं। पर सुनील दत्त उनका फिलम का नाम था। असली नाम किसनपाल था—ठाकुर किसनपाल।" बच्चू सिंह के एक-एक शब्द में उनके भीतर की सच्चाई बोल रही थी।

डॉ० सिद्दीक़ी ने सोचा कि जिसकी जो सच्चाई है, उस पर प्रहार करना उचित नहीं है। इसलिए बच्चू सिंह से नितांत आत्मीय भाव से सांत्वना देते हुए बोले, "बच्चू सिंह, सुनील दत्त जी के गुज़रने का मुझे भी बहुत दुःख है। वह एक बड़े कलाकार थे और उसी तरह एक इन्तेहाई शरीफ़ इंसान भी थे। फिर आपके तो उनसे क़रीबी तअल्लुक़ात थे। मैं आपके दुःख को समझ सकता हूँ।"

डॉ० सिद्दीक़ी के इन शब्दों ने बच्चू सिंह के घावों पर मरहम का काम किया। बिलकुल सीधे खड़े हो गए।

" साहब, अब आपसे मैं क्या बताऊँ? सन् सैंतालीस की बात है। देस नया-नया आजाद हुआ था। इधर से मियाँभाई पाकिस्तान जा रहे थे और उधर से हिंदू लोग गाड़ियों में भरकर आ रहे थे। कोई-कोई रेलगाड़ी तो ऐसी आती थी जिसमें केवल लास ही लास भरी होती थीं। यह देख-देखकर हिंदुओं का खून खौल रहा था। गड़ोला गाँव के कुछ लोगों ने भी ऐसी एक गाड़ी देख ली। पूरे गाँव के हिंदुओं में आग-सी लग गई। खबर धीरे-धीरे और गाँवों में भी फैली। दस-बारह गाँवों के बीच एक गाँव मियाँ भाइयों का भी था, बकायन। सौ घर मुसलमानों के रहे होंगे उस गाँव में। हिंदुओं ने तय कर लिया कि इन्हें काटकर फेंक देंगे। बकायन के मुंसी अल्ला बखस (बख़्श) ठाकुर साहब के कारिंदे थे। छुपते-छुपाते भागते हुए किसी तरह हवेली में पहुँचे। ठाकुर रामपाल जी के पैरों में गिर गए। 'सरकार' अब आप ही बचा सकते हैं गाँव वालों को।' ठाकुर साहब ने धीरज से सारी बातें सुनीं और गंभीर स्वर में बोले, 'मुंशी अल्ला बखश, तुम चिंता मत करो, मेरे जीते जी किसी का बाल बाँका नहीं हो सकता। सीधे घर जाओ और गाँव वालों से कह दो मेरा इंतजार करें।'

" अल्ला बख़स जब चले गए, ठाकुर साहब ने गाँव के मुखिया को बुलवाया। ऊँच-नीच समझाकर पंद्रह-बीस आदमियों को साथ चलने का आदेश दिया। बेटे और पोते को साथ लिया। घोड़े तैयार किए गए। बंदूकें भरी गईं और अँधेरा होने से पहले ठाकुर साहब बकायन पहुँच गए। मेरी उमर चौदह की रही होगी। मैं भी साथ-साथ गया था।

" रात को ग्यारह बजते-बजते आसपास के गाँव वाले हज़ारों की संख्या में बल्लम, गँड़ासा, तलवार, लाठी लेकर आ गए। ठाकुर साहब को देखते ही सबकी सिट्टी-पिट्टी गुम। फिर भी एक युवक ने पूरी आवाज से चिल्लाकर कहा, 'ठाकुर

साहब, हम आप का बहुत आदर-सम्मान करते हैं, आप हमारे बीच से हट जाइए।'

" ठाकुर साहब ने मुखिया से कहा कि 'इनसे कहो कि पहले अपने बड़ों को ठाकुर साहब के पास भेजें। सरकार उनसे बात करना चाहते हैं।'

" कुछ देर सन्नाटा रहा। फिर दस-बारह लोग ठाकुर साहब के पास आए।

" ठाकुर साहब ने उन्हें समझाया कि पाकिस्तान से आने वाली रेलगाड़ियों में अगर तुमने हिंदुओं की लाशें देखी हैं तो यह मत भूलो कि बकायन के मुसलमानों ने यह ख़ून नहीं बहाया है। वह तो शांतिपूर्वक हमारे बीच हमारी ही तरह रह रहे हैं। तुममें हिंदुत्व का यदि बहुत जोश है तो चलो मैं भी तुम्हारे साथ चलने को तैयार हूँ। उनका खून बहाओ जो केवल खून की भाषा जानते हैं।

" ठाकुर साहब की बात सुनकर एक सन्नाटा छा गया और धीरे-धीरे करके सारी भीड़ छँट गई। उस समय किसनू भैया का जोस देखने लायक था। सफेद घोड़े पर सवार। सिर पर चमकती गुलाबी पगड़ी। हाथ में रायफल। कितनी कांती फूट रही थी उस छन उनके चेहरे से। अब आप ही बताइए साहब, यह सब बातें मैं कैसे भूल सकता हूँ? "

बच्चू सिंह की बातों को डॉ० सिद्दीक़ी ने बड़ी तन्मयता से सुना और एक ठंडी साँस लेकर बोले, "तुम भाग्यशाली हो बच्चू सिंह कि इतने अच्छे लोगों के बीच तुम्हें रहने का सौभाग्य प्राप्त हुआ। अब सुनील दत्त जी चाहे तुम्हारे किशनू भैया हों या झेलम से आए बलराज दत्त। सुनील दत्त जी दोनों ही दृष्टियों से महान् थे।"

बच्चू सिंह जो अभी तक यह समझ रहे थे कि साहब उनकी बातों का विश्वास नहीं कर रहे हैं, डॉ० साहब की बातों से उनके मन का बोझ हलका हो गया और उनकी बुझी-बुझी-सी आँखों में फिर से एक चमक आ गई।

पास बैठी दीबा अनूशा से पूछ रही थी, "अप्पी, क्या सुनील दत्त साहब हुसैनी ब्राह्मण थे?"

"हाँ, अब्बू ने तो यही बताया है।"

"इसका मतलब है, वो मुसलमान थे?"

"नहीं, ब्राह्मण मुसलमान किस तरह हो सकता है?"

"क्यों नहीं हो सकता! अगर शेख़, पठान, मुग़ल मुसलमान हो सकते हैं तो ब्राह्मण मुसलमान क्यों नहीं हो सकता?"

अनूशा दीबा की बातें सुनकर हँस पड़ी और उसने दीबा को गले से लगा लिया। बच्चू सिंह भी हँसे बग़ैर न रह सके।

सीमा के उस पार

"बनवारी ने आज फिर वही काम किया। कितनी बार कह चुकी हूँ कि बाहर से कूड़ा-कर्कट उठाकर घर में मत लाया करो। मगर वो कुछ सुनता ही नहीं। आज सुबह मैं लॉन में टहल रही थी, देखती क्या हूँ कि बनवारी साइकिल पर चला आ रहा है। कैरियर में तीन-चार कूट के डिब्बे और पॉलीथिन के कुछ गंदे थैले दबे हुए हैं। मैंने डाँटा तो 'जी, जी' करता हुआ बत्तीसी निकालकर हँसने लगा।" शकुंतला ने अपने पति डॉ० सत्येन्द्र से आज फिर बनवारी की शिकायत जड़ दी।

"शकुंतला, तुम नाहक सुबह-सुबह बेचारे पर गुस्सा कर रही हो। ग़रीब आदमी है। रिटायर हो चुका है। घर में गैस का स्टोव या बिजली का हीटर तो होगा नहीं। लकड़ी का चूल्हा जलाने में ये चीज़ें उसके काम आती होंगी।" डॉ० सत्येन्द्र ने बड़ी सहजता से पत्नी को समझाया।

"आप कुछ देखते भी हैं कभी। ऊपर से खुली छूट दे रखी है उसे। अख़बारों की रद्दी, मिठाई के डिब्बे, रिफ़ाइंड ऑयल के कंटेनर और चूल्हे के लिए दस-पाँच किलो लकड़ी रोज़ ही गट्ठर बाँधकर कोठी से ले जाता है।"

"क्यों, इस कोठी में कोई लकड़ी की टॉल खुली हुई है क्या?"

"कौन समझाए आपको। हर बात आप मज़ाक़ में उड़ा देते हैं। बेर, नीम, अमरूद, आम के जो इतने सारे पेड़ हैं, उनकी सूखी डालें और टहनियाँ तोड़-तोड़कर रोज़ इकट्ठा करता रहता है। कितना भी चिल्लाते रहो, झाड़ू-पोंछा बीच में छोड़कर लकड़ियों में लग जाता है। और वो किनारे वाला जो एक जंगली पेड़ है, उसकी पत्तियों के भी गट्ठर बनाता है। कहता है ये पत्ते बकरियाँ शौक़ से खाती हैं। सब मुस्लिम यूनिवर्सिटी का असर है। मुसलमानों की तरह बकरियाँ पालता है।"

"तुम्हारी तान हमेशा मुसलमानों पर क्यों टूटती है? बकरी महात्मा गांधी भी पालते थे और उसका दूध पीते थे। ग़रीब आदमी बकरी नहीं पालेगा तो क्या गाय-भैंस पालेगा?"

"महात्मा जी की बात और थी। वह संत और महापुरुष थे। यह बनवारी तो बकरे का मांस भी खाता है।"

"बकरे का मांस पूरी दुनिया खाती है। तुम्हारे भक्त बने रहने से दुनिया भक्त नहीं हो जाएगी। ख़ैर छोड़ो, आठ बज रहे हैं, नाश्ता कितनी देर में लगवा रही हो?"

"किचेन में चलकर देखती हूँ। बसंती ने नाश्ता तैयार कर लिया होगा अब तक।"

डॉ० सत्येन्द्र यूनिवर्सिटी जाने के लिए तैयार हो चुके थे। बसंती ने मेज़ पर नाश्ता लगा दिया था। शकुंतला का मन अभी नाश्ता करने का नहीं था। डॉ० सत्येन्द्र ने आलू की भुजिया से दो परांठे खाए और हॉरलिक्स मिला दूध का गिलास ख़ाली करके उठ खड़े हुए। बाहर निकलकर सियलो स्टार्ट की और यूनिवर्सिटी चले गए।

शकुंतला ने बसंती से पूछा, "बंसती, तूने कहीं बनवारी को देखा है?"

"नहीं, देखा तो नहीं मालकिन। हाँ, कुछ देर पहले जब मालिक नाश्ता कर रहे थे, मुझे लगा था कि बनवारी काका छत पर जा रहे हैं।"

शकुंतला पीछे मुड़ीं तो क्या देखती हैं कि एक बड़े थैले में बनवारी बेर भरे हुए छत की सीढ़ियों से चला आ रहा है। कोई पंद्रह-बीस किलो तो रहे होंगे। एक सहज-सी मुस्कराहट के साथ शकुंतला ने पूछा, "क्यों बनवारी, इतने सारे बेर किसे खिलाओगे?"

बनवारी केवल हँस दिया और बेर के थैले का मुँह बाँधकर चुपचाप साइकिल के कैरियर में अच्छी तरह कसने लगा।

घर की सफ़ाई का काम समाप्त करके जब बनवारी जाने को हुआ, बसंती ने उसकी प्लेटें उठाकर उसके लिए नाश्ता लगा दिया। नाश्ते में जिस दिन कोई अच्छी चीज़ होती, बनवारी केवल चाय पी लेता और नाश्ता पॉलीथिन की थैली में रखकर साइकिल की हैंडिल से लटका लेता। आज भी उसने सब्ज़ी, परांठे और मठरी पॉलीथिन में रख ली थी।

बनवारी के जाने के बाद बसंती शकुंतला के कमरे में आकर उनके पास ज़मीन पर बैठ गई थी।

"मालकिन, बनवारी काका बड़े ही अच्छे आदमी हैं।"

"क्यों, ऐसी क्या अच्छाई दिखाई देती है तुझे उसमें?"

"पास-पड़ोस के सभी दुकानदार उनकी प्रशंसा करते हैं।"

"प्रशंसा क्यों नहीं करेंगे। उनके पास जाकर घंटों गप्पें जो मारता है। परेशानी तो मेरी है। दुकान से कोई चीज़ मँगाने से पहले दस बार सोचना पड़ता है कि उसे भेजूँ या न भेजूँ।"

"ऐसी बात नहीं है मालकिन।"

"फिर क्या बात है?"

"सब कहते हैं कि कैसा ही कोई काम हो, बनवारी काका कभी मना नहीं करते।"

"हाँ, ये बात तो है उसमें। पर किस काम को कब करना है, कुछ इसका भी तो ध्यान रखना चाहिए उसे। मेरी तो नाक में दम किए रहता है।"

"आपने कभी पेड़ पर चढ़ते देखा है उन्हें?"

"देखा क्या है, मेरा तो दिल धड़कने लगता है। छाछठ वर्ष का हो गया। अपनी उम्र का भी ख़याल नहीं करता। इस डाल से उस डाल बंदरों की तरह फुदकता है। मैं तो इतना डर जाती हूँ कि वहाँ से हट जाती हूँ।"

"अरे मालकिन, एक दिन तो मैं धक् से रह गई। रसोई में बरतन धो रही थी। अचानक धम्म की आवाज़ आई। बाहर निकली तो क्या देखती हूँ कि बनवारी काका ज़मीन पर गिरे पड़े हैं और एक मोटी-सी आम की डाल उनके ऊपर है। मुझे देखते ही हँसते हुए उठ बैठे। कहने लगे सूख गई थी, मैंने उछलकर पकड़ा तो टूटकर मेरे साथ नीचे आ गई।"

बसंती इसी तरह काफ़ी देर तक बातें करती रही। फिर सर्वेंट्स क्वार्टर में उठकर चली गई जो डॉ० सत्येन्द्र ने उसे दे रखा था।

एक दिन रात को दस बजे बनवारी ने आकर घंटी बजाई। बसंती ने दरवाज़ा खोला, "काका आप, इस समय कैसे आना हुआ?"

"लल्ली, शहर में दंगा हो गया है। एक ब्योपारी को किसी ने गोली मार दी। डी०एम० ने कर्फ़ू लगा दिया है। सोचा चलकर मालकिन को बता दूँ।"

बनवारी की आवाज़ सुनकर शकुंतला भी आ गईं। बनवारी ने उन्हें सारी बातें बताकर आश्वस्त किया, "आप फिकर न करें। कर्फ़ू सिविल लाइन में भी लग सकता है। एक-दो सप्ताह का राशन और फल-सब्जी मँगवाकर रख लें। और फिर मैं तो आता ही रहूँगा।"

बनवारी के जाने के बाद बसंती ने बाहर के गेट का ताला लगा दिया और कोठी के सारे दरवाज़े ठीक से बंद कर लिए। शकुंतला डॉ० सत्येन्द्र के पास स्टडी रूम में जाकर शहर के दंगे की बातें करने लगीं।

"बनवारी बता रहा था कि शहर में किसी मुसलमान ने एक हिंदू व्यापारी को गोली मार दी जिससे दंगा भड़क गया।"

"क्या कोई धार्मिक मामला था?"

"नहीं, कुछ आपस की रंजिश थी।"

...। इसमें हिंदू मुसलमान की बात कहाँ से आ गई?"

"जब मुसलमान हिंदू को गोली मारेगा तो हिंदू मुसलमान की बात आएगी ही।"

"क्यों, एक व्यापारी ने दूसरे व्यापारी को गोली मार दी, ये बात भी तो आ सकती थी। मैंने नौ बजे के समाचार में टी०वी० पर सुना था कि वह व्यापारी बजरंग दल का नगर अध्यक्ष था। बजरंग दल दंगे के लिए अवसर खोजता रहता है। राजनीति चमकाने के लिए इस संगठन वालों को इससे अच्छा क्या अवसर मिलता?"

"आप तो जब देखिए मुसलमानों का पक्ष लेते रहते हैं।"

"मैंने ऐसी कोई बात नहीं की जिससे मुसलमानों का पक्ष झलकता हो।"

दूसरे दिन जब बनवारी सुबह कोठी की सफ़ाई के लिए आया तो उसके पास ख़बरें ही ख़बरें थीं। बजरंग दल के लड़कों ने बस से घसीटकर तीन मुसलमानों को ज़िंदा जला दिया। पुलिस खड़ी तमाशा देखती रही। कनवरी गंज में मुसलमानों की कई दुकानों में आग लगा दी गई। मुख्यमंत्री ने डी०एम० और एस०एस०पी० का तबादला कर दिया। नए डी०एम० ने स्टेशन और बस अड्डे पर भी पुलिस लगा दी है। कर्फ़्यू बहुत कड़ा कर दिया गया है। कई पुलिस वाले सस्पेंड कर दिए गए।

बनवारी से शहर का समाचार सुनने के लिए डॉ० सत्येन्द्र भी कमरे से बाहर आ गए थे। शकुंतला को यह जानकर बहुत संतोष हुआ था कि रात से अब तक जो चार लोग मारे गए थे, वो सभी मुसलमान थे।

बनवारी रिटायर होने से पहले चतुर्थ श्रेणी के कर्मचारियों का नेता रह चुका था। डॉ० सत्येन्द्र को देखकर उसके मन के फफोले फूट पड़े, "साहब, जब भी दंगे होते हैं, हमेशा ग़रीब मारे जाते हैं। कर्फ़ू में भी गरीबों का नुकसान होता है। पुलिस वाले ग़रीबों पर ही डंडे फटकारते हैं और जिसे चाहते हैं बंद कर देते हैं।"

"बनवारी, तुम ठीक कहते हो। मैं तो यह देखता हूँ कि प्रशासन जिन इलाक़ों को संवेदनशील घोषित करता है, वो अधिकतर ग़रीब मुस्लिम आबादी वाले इलाक़े होते हैं। कर्फ़्यू का लाभ उठाकर पुलिस उनके घरों की तलाशी लेती है और जिस घर से जो चीज़ चाहती है बरामद कर लेती है।"

"साहब क्षमा कीजिएगा। दंगे में पुलिस शुरू से ही मुसलमानों को दोषी मानकर चलती है। हमारी सरकार धरम निरपेच्छ होने का दावा करती है और हमारी पुलिस हर थाने में मंदिर बनाकर अपने हिंदू होने की घोषना करती है।"

शकुंतला से चुप नहीं रहा गया, "यूनिवर्सिटी में भी तो मुसलमानों ने हर जगह मस्जिदें बनवा रखी हैं।"

"मालकिन, मैंने इस यूनिवर्सिटी में चालीस वर्ष नौकरी की है और मुसलमानों

के बीच में ही रहा हूँ। मैंने अलीगढ़ के बहुत से दंगे देखे हैं। पर कभी यूनिवर्सिटी के मुसलमानों को उत्तेजित होकर हिंदुओं के साथ अत्याचार करते नहीं देखा।"

डॉ० सत्येन्द्र ने बनवारी को शांत करने का प्रयास किया, "देखो बनवारी, मुझे भी इस यूनिवर्सिटी में दस साल हो गए। ये पढ़े-लिखे लोगों का इलाक़ा है। शिक्षित समाज मार-पीट और दंगे-फ़साद से बहुत दूर रहता है। दंगे सामान्य रूप से उन्हीं शहरों में होते हैं जिनमें मुसलमानों के छोटे-मोटे उद्योग हैं। फ़िरोज़ाबाद, अलीगढ़, मेरठ, मुरादाबाद, बनारस इत्यादि ऐसे ही शहर हैं। सांप्रदायिक ताक़तें मुसलमानों को आर्थिक दृष्टि से कमज़ोर देखना चाहती हैं।"

"साहब, आप बिलकुल ठीक कहते हैं। अच्छे कारीगर और दस्तकार अधिकतर मुसलमान होते हैं। इन दंगों में वो इतना अधिक पिस जाते हैं कि अंत में उन्हें हिंदू मालिकों की ही सरन लेनी पड़ती है।"

शकुंतला को ये बातें काँटे चुभो रही थीं। जब उनसे बर्दाश्त नहीं हुआ, वहाँ से उठकर रसोई में बसंती के पास चली गईं। डॉ० सत्येन्द्र वाइस चांसलर के सेक्रेटरी का फ़ोन आ जाने की वजह से थोड़े चिंतित थे। नौ बजे वी०सी० ने मीटिंग बुलाई थी। जल्दी-जल्दी थोड़ा-बहुत नाश्ता करके वो यूनिवर्सिटी चले गए।

प्रशासन की चौकसी से इस बार अलीगढ़ का दंगा अधिक ज़ोर नहीं पकड़ सका। हाँ, यूनिवर्सिटी दो सप्ताह के लिए ज़रूर बंद कर दी गई। डॉ० सत्येन्द्र लॉ फेकल्टी के डीन होने के अतिरिक्त यूनिवर्सिटी की अनेक प्रशासनिक कमेटियों के सदस्य थे। इसलिए उनका अलीगढ़ में रहना ज़रूरी था। शहर में बस प्रारंभ में दो-चार छुट-पुट घटनाएँ हुईं, उसके बाद स्थिति सामान्य-सी रही। कर्फ़्यू के दिनों में बनवारी डॉ० सत्येन्द्र की कोठी के दिन में कई-कई चक्कर लगा जाता था और ज़रूरत की हर चीज़ ला देता था।

शकुंतला को बनवारी में अच्छाइयाँ तो बहुत-सी दिखाई देती थीं, पर उसका धर्म-विरोधी स्वर उन्हें तनिक भी बर्दाश्त नहीं था। पति के मार्क्सवादी दृष्टिकोण से वह पहले से ही कुछ कम परेशान नहीं थीं। यूनिवर्सिटी में हिंदू और भी थे और उनमें कई एक मार्क्सवादी भी थे। पर सभी सुरक्षा की दृष्टि से शहर में हिंदू मुहल्लों में रहते थे। उनके पति को न जाने क्यों यूनिवर्सिटी कैंपस पसंद था जहाँ दिल खोलकर किसी से बात भी नहीं की जा सकती थी। मुस्लिम महिलाओं का रंग-ढंग ही कुछ अलग था। बनवारी ईश्वर में गहरी आस्था रखता था किंतु पूजापाठ को ढोंग समझता था और देवी-देवताओं का मज़ाक़ उड़ाता था।

एक दिन डॉ० सत्येन्द्र से वह कुछ ऐसी बातें कर रहा था जिन्हें सुनकर शकुंतला

दंग रह गई थीं। उन्हें लगा था कि वह पूर्व जन्म में मुसलमान ज़रूर रहा होगा। कह रहा था कि ब्राह्मणों से अधिक हिंसा में विश्वास रखने वाली क़ौम मैंने आज तक नहीं देखी।

डॉ० सत्येन्द्र ने विस्मय से पूछा, "ये बात तुम किस आधार पर कह सकते हो?"

कहने लगा, "साहब, मैंने इतिहास तो पढ़ा नहीं है। पर जो आँखों से देखता हूँ, उसी के आधार पर कह रहा हूँ।"

"आँखों से क्या देखते हो?" डॉ० सत्येन्द्र ने पूछा।

कहने लगा, "सारे देवी-देवता ब्राह्मणों के बनाए हुए हैं। महात्मा बुद्ध की तरह एक भी सांत देवता हिंदुओं के पास नहीं है। कोई त्रिशूल लेकर खड़ा है, कोई धनुष-बाण, कोई सुदर्शन चक्र, कोई गदा, कोई फरसा। सब गर्दन काटने पर उतारू हैं। सब देवता ब्राह्मणों की सोच से ही जन्मे हैं। देवियों का हाल भी देवताओं से कुछ अलग नहीं है।"

"भई बनवारी, राक्षसों के उत्पात को समाप्त करने के लिए उनका वध तो करना होगा और उसके लिए हथियारों की आवश्यकता स्वाभाविक रूप से पड़ेगी।" डॉ० सत्येन्द्र ने मुस्कराते हुए कहा था।

"छमा कीजिएगा डॉक्टर साहब, बुरों को मार देने से बुराई नहीं मरती।" बनवारी ने बड़े गंभीर स्वर में उत्तर दिया था।

शकुंतला के मन में आया था कि वो बनवारी से पूछे, 'तुम किस धर्म के मानने वाले हो?' पर यह सोचकर कि न जाने क्या लेक्चर पिलाने लगे, बात को टाल गई थीं।

इधर कुछ दिनों से बनवारी नहीं आया था। कोठी की सफ़ाई का काम बसंती सँभाल लेती थी।

किंतु बनवारी के न आने से सब कुछ सूना-सूना-सा लग रहा था। डॉ० सत्येन्द्र बनवारी की ख़ैर-ख़बर के लिए बहुत चिंतित थे। शकुंतला बनवारी को पसंद नहीं करती थीं पर उनकी चिंता भी उसे लेकर कुछ कम नहीं थी।

एक दिन पड़ोस का दुकानदार यूनुस कोठी पर आया और उसने सूचना दी कि "बनवारी कई दिनों से मेडिकल के 14 नंबर वार्ड में भरती हैं। उनके फेफड़े में वरम है और साँस लेने में कष्ट होता है। आप लोगों को बहुत याद कर रहे थे।"

डॉ० सत्येन्द्र बनवारी के मेडिकल में भरती होने की ख़बर सुनकर बेचैन-से हो गए। शकुंतला से चलने के लिए कहा तो वह भी सहज भाव से तैयार हो गईं। बसंती भला पीछे किस प्रकार रहती। रास्ते से कुछ फल ख़रीदते हुए ये लोग मेडिकल कॉलेज

पहुँच गए।

वार्ड नंबर 14 में बनवारी के पलंग के पास अच्छी-ख़ासी भीड़ थी। बनवारी की बहू पलंग पर बैठी सीने की मालिश कर रही थी। दो लड़कियाँ बुरक़े में पाँयती बैठी बनवारी के पैर दबा रही थीं। डॉ० सत्येन्द्र और शकुंतला को देखकर सभी उठ खड़े हुए। बनवारी के बेटे और बहू ने पाँव छुए। बुरक़े वाली कई महिलाएँ डॉक्टर साहब को घेरकर खड़ी हो गईं। बनवारी के चेहरे पर हलकी-सी मुस्कराहट आई। उसने उठकर बैठने का प्रयास किया। पर डॉ० सत्येन्द्र के मना करने पर फिर से लेट गया।

शकुंतला ने फलों का थैला बनवारी की बहू को पकड़ाया और उससे बनवारी का विशेष ध्यान रखने की ताकीद की। एक बुरक़े वाली महिला जो चालीस-पैंतालीस की रही होगी, डॉ० सत्येन्द्र की ओर बढ़ी।

" डॉ० साहब, आप हम बेवाओं, मुहताजों के लिए फ़रिश्ता हैं। हम फ़िरदौस नगर में बनवारी चचा के मकान की चारदीवारी के भीतर झुग्गियाँ डालकर रहते हैं। बनवारी चचा आपके यहाँ से जो अख़बार लाते हैं, ये रज़िया उनके थैले बनाकर बाज़ार में बेच आती है। पॉलीथिन, कूट, प्लास्टिक के टुकड़े और तेल के डिब्बे वग़ैरह बेचकर फ़रज़ाना गुज़र कर लेती है। कभी-कभी बेर और अमरूद जो बनवारी चचा कोठी से लाते हैं, उन्हें बेचकर भी कुछ खाने-पीने का ख़र्च निकल आता है। जलाने की लकड़ियाँ बनवारी चचा इतनी इकट्ठा कर देते हैं कि कभी कोई कमी नहीं पड़ती।

" डॉ० साहब, आपसे क्या बताएँ, बस समझ लीजिए कि आपकी बदौलत हम सब का पेट पल रहा है। बनवारी चचा को पैसों की कोई कमी तो है नहीं। यूनिवर्सिटी से पेंशन मिलती है। बेटा उनकी जगह पर यूनिवर्सिटी में नौकर हो गया है। गाँव में खेत-ज़मीन है। ग़ल्ला वहाँ से आ जाता है। आप बनवारी चचा को जो डेढ़ सौ रुपये तनख़्वाह देते हैं, वह भी चचा हम लोगों में बाँट देते हैं। हम तो अल्लाह से हमेशा आपकी तरक्क़ी की दुआ करते हैं। "

डॉ० सत्येन्द्र जब मेडिकल से लौटे, शकुंतला के मन में एक विचित्र-सी उथल-पुथल थी। "मैं अपने हिंदू होने पर गर्व करती थी। सच्चा हिन्दू तो बनवारी है। मैंने हिंदुत्व की कितनी संकुचित सीमाएँ बना रखी थीं। कभी सीमा के उस पार झाँकने का प्रयास नहीं किया जहाँ बनवारी है, जहाँ उसका पाँव दबाती मुस्लिम लड़कियाँ हैं, जहाँ हमारे लिए अपने अल्लाह से दुआ करती बुरक़े वाली महिलाएँ हैं।"

ज़ंजीर बोल उठी

पंडित लोधन की ख्याति लखनऊ से दस कोस पर स्थित कान्हेर गाँव से निकलकर दूर-दूर के प्रांतों में फैल चुकी थी। सुल्तान सिकंदर लोदी के शासनकाल में इस्लाम से इतर किसी धर्म के सच्चे होने की बात बर्दाश्त नहीं की जा सकती थी। आसपास के बड़े-बड़े उलेमाओं (इस्लामी धर्माचार्यों) ने जिनमें शेख़ बुध और क़ाज़ी प्यारा भी सम्मिलित थे, पंडित लोधन से कई-कई दिनों तक बहसें कीं। पंडित लोधन को इस्लाम के सच्चे धर्म होने पर आपत्ति नहीं थी, किंतु हिंदू धर्म के सच्चे होने में भी उन्हें कोई संदेह नहीं था। अरबी, फ़ारसी और संस्कृत भाषाओं का गंभीर ज्ञान होने के कारण पंडित लोधन शास्त्रार्थ में कभी कमज़ोर नहीं पड़ते थे। शेख़ बुध बड़ी सीमा तक उनके तर्कों से सहमत थे किंतु क़ाज़ी प्यारा अपनी जगह से एक सूत खिसकने को तैयार नहीं थे। उनकी दृष्टि में हिंदू धर्म खुला हुआ कुफ़्र था और उसकी सच्चाई पर विश्वास रखने वाला क़त्ल किए जाने के योग्य था। क़ाज़ी प्यारा का विचार था कि शेख़ बुध के ख़िलाफ़ भी इस आशय का फ़तवा जारी किया जाना चाहिए कि काफ़िरों के ख़यालात की पुष्टि करने के जुर्म में वो क़त्ल किए जाने के मुस्तहक़ हैं।

लखनऊ की विलायत के हाकिम आज़म हुमायूँ को जब यह सूचना मिली, सुल्तान के शाही मिज़ाज का ध्यान आते ही, वो सिर से पाँव तक काँप गए। फ़ौरन हुक्म जारी किया कि पंडित लोधन, क़ाज़ी प्यारा और शेख़ बुध को उनकी बारगाह में हाज़िर किया जाए।

वैसे तो आज़म हुमायूँ बहुत ही खुले विचारों के व्यक्ति थे। दरवेशों और योगियों का विशेष आदर करते थे। उलेमा और पंडितों के सम्मान में भी उन्होंने कभी कोई कमी नहीं की। किंतु यहाँ मामला सुल्तान सिकंदर लोदी का था। वह ऐसी बातों में ख़ास दिलचस्पी लेता था और किशोरावस्था से ही इस्लाम के वर्चस्व को स्थापित करने के लिए बराबर यत्नशील रहता था। कान्हेर के पंडित की बात अगर किसी और माध्यम से सुल्तान तक पहुँच गई तो उसका सारा अताब लखनऊ की विलायत के हाकिम पर ही टूटेगा।

रात के दो पहर गुज़र चुके थे और आज़म हुमायूँ की आँखों में नींद का कोई

नामोनिशान नहीं था। सुल्तान सिकंदर लोदी के बहुत से फ़रमान उसकी निगाहों में घूम रहे थे। सालार मसूद ग़ाज़ी 'ग़ाज़ी मियाँ' के नाम से जन-सामान्य में बहुत अधिक लोकप्रिय थे। बहराइच में उनके मज़ार पर प्रत्येक वर्ष बहुत बड़ा उर्स हुआ करता था और उनके भाले का जुलूस निकाला जाता था। सुल्तान को जब इसकी ख़बर हुई, उसने तत्काल इस बिदअत के विरुद्ध फ़रमान जारी कर दिया था और महिलाओं पर विशेष रूप से प्रतिबंध लगा दिया था कि वे मज़ारों पर न दिखाई दें। इतना ही नहीं, मथुरा में हिंदू जहाँ स्नान के लिए एकत्र होते थे और जहाँ मुंडन की प्रथा प्रचलित थी, सुल्तान ने उन स्थानों पर सराय तथा बाज़ार निर्मित करा दिए और मुंडन पर प्रतिबंध लगा दिया था।

आज़म हुमायूँ की सबसे बड़ी चिंता यह थी कि पंडित लोधन की चुनौतियाँ सुल्तान की दृष्टि में इस्लाम के विरुद्ध एक ख़तरा स्वीकार की जा सकती हैं। किसी प्रकार वो क़ाज़ी प्यारा, शेख़ बुध और पंडित लोधन को सुल्तान के पास भेज दें, फिर सुल्तान जैसा चाहे निर्णय करें। क्रम से कम उनका दायित्व समाप्त हो जाएगा।

आज़म हुमायूँ को अवध के हाकिम अहमद ख़ाँ की घटना याद आ गई। हिंदू पंडितों के साथ वैचारिक आदान-प्रदान का उस पर ऐसा प्रभाव पड़ा था कि उसने हिंदू कर्मकांडों को पूरी आस्था के साथ स्वीकार कर लिया था। अवध के उलेमा ने उसे मुर्तिद घोषित कर दिया था। सुल्तान सिकंदर लोदी को जब यह समाचार मिला था, उसने अहमद ख़ाँ के पिता मुबारक ख़ाँ लोदी से अपने पुराने संबंधों का ख़याल भी नहीं किया था। तत्काल आदेश कर दिया था कि अहमद ख़ाँ को बंदी बनाकर उसके पास भेज दिया जाए और अहमद ख़ाँ के भाई सईद ख़ाँ को अवध का हाकिम घोषित कर दिया जाए।

आज़म हुमायूँ को उस समय यह सोचकर एक विचित्र-सी झुँझलाहट महसूस हो रही थी कि उलेमा का एक गिरोह सुल्तान को दिन-रात घेरे रहता है। इस्लामी शरीअत के नाम पर ऐसे-ऐसे सुझाव दिए जाते हैं कि सुनने वाला दंग रह जाए। शायद इन उलेमाओं में इंसानी हमदर्दी जैसी कोई चीज़ सिरे से पाई ही नहीं जाती। काश, आज मलिकुल उलेमा मियाँ अब्दुल्लाह अजोधनी जैसे दो-चार आलिम होते तो दूसरे धर्मों के सम्मान की राहें आज भी खुली होतीं।

सुल्तान सिकंदर लोदी उस ज़माने में मुश्किल से उन्नीस साल के रहे होंगे। लोग उन्हें शाहजहाँ निज़ाम ख़ाँ के नाम से जानते थे। नौजवानी का जोश था। इस्लाम की तब्लीग़ का वलवला था। एक पूरी फ़ौज लेकर कुरुक्षेत्र की जानिब रवाना हुए। ख़बर मिली थी कि वहाँ एक बड़े कुंड में हिंदू हज़ारों की संख्या में स्नान करते हैं और इसे

। निजात (मुक्ति) का ज़रिया समझते हैं। शाहज़ादे फ़ैसला कर चुके थे कि इन ाफ़िरों को क़त्ल कर दिया जाए और उस कुंड को मिट्टी से पाट दिया जाए। मलिकुल उलेमा मियाँ अब्दुल्लाह अजोधनी को शाहज़ादे के फ़ैसले की भनक लग गई। फ़ौरन बेचैन होकर शाहज़ादे की रिहाइशगाह का रुख़ किया और अपने आने की सूचना दी।

शाहज़ादा मलिकुल उलेमा का स्वागत करने के लिए स्वयं बाहर आया और अपने हमराह नशिस्तगाह में ले गया। वहाँ कई उलेमा पहले से मौजूद थे। मलिकुल उलेमा को देखकर सबके चेहरों के रंग उड़ गए।

मलिकुल उलेमा ने एक मसनद पर बैठते हुए सवाल किया, "शाहज़ादा निज़ाम, अल्लाह आपके मर्तबे बलंद फ़रमाए। क्या मैंने जो कुछ सुना है वो दुरुस्त है कि आपने कुरुक्षेत्र के हौज़ में गुस्ल करने वाले हिंदुओं के क़त्ल का फ़ैसला कर लिया है?"

"जी हाँ, आपने बिलकुल दुरुस्त सुना है। इस्लाम की तब्लीग़ के लिए काफ़िरों का क़त्ल किया जाना बेहद ज़रूरी है।" शाहज़ादा निज़ाम ने नरमी से जवाब दिया।

मलिकुल उलेमा को ये जवाब कुछ अच्छा नहीं लगा। "मुआफ़ कीजिएगा शाहज़ादे, इस्लाम की तब्लीग़ क़त्ल और ख़ूँरेज़ी से नहीं होती। बेगुनाहों का ख़ून बहाना अल्लाह के नज़दीक फ़ेले-हराम है।"

शाहज़ादे को अपनी तौहीन महसूस हुई, "मोहतरम, आपने जिन लफ़्ज़ों का इस्तेमाल किया है, उनसे गुस्ताख़ी की बू आती है।"

"शाहज़ादे, मैंने वही बातें की हैं, जिनकी हिदायत कुरआन और हदीस से मिलती है।" मलिकुल उलेमा ने एक-एक शब्द पर ज़ोर देकर कहा।

"फिर तो रसूले-मक़बूल ने काफ़िरों के ख़िलाफ़ जिन ग़ज़वात (युद्धों) में हिस्सा लिया और जिनमें बड़ी तादाद में काफ़िर क़त्ल किए गए, आपके नज़रिए से रसूल का वो अमल दुरुस्त नहीं था।" शाहज़ादे ने तल्ख़ लहजे में चोट करने की कोशिश की।

"मियाँ शाहज़ादे, रसूले-मक़बूल ने काफ़िरों पर कभी खुद से बेवजह हमला नहीं किया। बद्र, उहद, खंदक सभी जंगों में हमले काफ़िरों की जानिब से हुए। रसूल के साथियों ने दिफ़ाअ (रक्षा) में कोई कमी नहीं की। इस्लाम दिफ़ाअ की पूरी इजाज़त देता है।"

शाहज़ादा इस जवाब पर तिलमिलाकर रह गया। उसने दूसरे पहलू से हमला करने की कोशिश की, "इसका मतलब ये है कि एक इस्लामी हुकूमत में अगर कोई

क़ौम किसी हौज़ में गुस्ल करने के अमल को अपनी निजात का ज़रिया समझे तो आप उसे दुरुस्त क़रार देंगे?"

"बात दुरुस्त क़रार देने या न देने की नहीं है। बात यह है कि इस पहलू पर ग़ौर किया जाए कि ये रस्म कब से राइज है।"

"मेरे इल्म में ये रस्म बहुत क़दीम है।" शाहज़ादा ने नरमी से उत्तर दिया।

"क्या आपसे पहले मुसलमान बादशाहों ने इसे रोकने की कोई कोशिश की?" मलिकुल उलेमा ने जानना चाहा।

"जी नहीं, मुझसे पहले किसी बादशाह ने इस तरफ़ कोई तवज्जह नहीं दी।" शाहज़ादे ने जवाब दिया।

मलिकुल उलेमा अपनी जगह से उठ खड़े हुए और फ़रमाया, "अगर ये अमल ग़लत होता तो पहले के बादशाहों ने इसे रोकने की कोशिश ज़रूर की होती। मेरे नज़दीक क़दीम मंदिरों को नुक़सान पहुँचाना, पुरानी रस्मों को बंद करना और बेवजह किसी का क़त्ल करना किसी एतबार से मुनासिब नहीं हैं।"

शाहज़ादा निज़ाम ने नियाम से तलवार खींच ली, "आप जानते हैं कि अगर मैं चाहूँ तो काफ़िरों की तरफ़दारी के जुर्म में इसी वक़्त आपके इस तलवार से दो टुकड़े कर सकता हूँ।"

मलिकुल उलेमा ने पूर्ववत् नम्रता के साथ उत्तर दिया, "मौत का मज़ा तो हर शख़्स को चखना है। लेकिन अल्लाह के हुक्म के बग़ैर किसी के हिस्से में मौत नहीं आती। शाहज़ादे, जब कोई भी शख़्स किसी ज़ालिम के पास जाता है, अपने लिए मौत की रज़ामंदी के साथ जाता है। मैंने इस्लामी शरा के एतबार से जो सही समझा, आपको आगाह कर दिया।" इतना कहकर मलिकुल उलेमा मियाँ अब्दुल्लाह अजोधनी बेख़ौफ़ नशिस्तगाह से बाहर निकल गए।

शाहज़ादा निज़ाम ख़ाँ मलिकुल उलेमा के निर्भीक व्यक्तित्व से प्रभावित हुए बग़ैर न रह सका। उसे अपने व्यवहार पर लज्जा आई और वो दौड़कर मलिकुल उलेमा के पास पहुँच गया, "मैं अपनी गुस्ताख़ी की मुआफ़ी चाहता हूँ। ये मेरी ख़ुशनसीबी होगी अगर आप जैसे दानिशवर मुस्तक़बिल में भी मुझे मुलाक़ात का शरफ़ बख़्शते रहें।" आज़म हुमायूँ यही सारी बातें याद करते-करते किसी वक़्त सो गया।

दूसरे दिन पंडित लोधन क़ाज़ी प्यारा और शेख़ बुध को आज़म हुमायूँ की बारगाह में पेश किया गया। आज़म हुमायूँ ने अपना मुहरबंद ख़त देकर इन महानुभावों को सुरक्षा के पूरे प्रबंध के साथ सुल्तान सिकंदर लोदी की सेवा में संभल भेज दिया। सुल्तान वहाँ इन दिनों इसी प्रकार के विषयों में दिलचस्पी ले रहा था। उसके

दीवानख़ाने में और विज़ारत के चबूतरे पर हर समय दस-बारह उलेमा उपस्थित रहते थे।

हिंदू धर्म के सच्चे होने का पंडित लोधन का दावा सुल्तान सिकंदर लोदी के लिए बड़ा ही रोचक था। उसने अपनी ख़ास नशिस्तगाह में सैयद सद्रुद्दीन कन्नौजी, मियाँ अब्दुर्रहमान सीकरी और मियाँ अज़ीज़ुल्लाह संभली को तलब किया और पंडित लोधन को उनसे वाद-विवाद का आदेश दिया। एक सप्ताह तक बहस जारी रही किंतु दोनों पक्षों के मध्य सहमति की स्थिति नहीं बन सकी। इस बीच सुल्तान ने बाहर से कुछ और उलेमाओं को बुलवा लिया। दिल्ली से मियाँ क़ादन बिन शेख़ खुजू और मियाँ अब्दुल्लाह बिन अलहदाद तलुंबी तथा सरहिंद से मुल्ला कुतुबुद्दीन और मुल्ला सालेह बुलाए गए। वाद-विवाद में और भी जान आ गई। किंतु हिंदू धर्म की सत्यता के पक्ष में जो तर्क पंडित लोधन ने प्रस्तुत किए, उनका तर्कसंगत खंडन नहीं किया जा सकता। अंत में उलेमा ने सुल्तान को अपना निर्णय सुना दिया, "पंडित लोधन को क़ैद कर दिया जाए और उन्हें इस्लाम की शिक्षा दी जाए। फिर भी वो यदि अपनी बात पर अड़े रहें तो उन्हें क़त्ल कर दिया जाएगा।"

सुल्तान सिकंदर लोदी के हुक्म से पंडित लोधन को लोहे की भारी ज़ंजीरें पहना दी गईं और उन्हें क़ैदख़ाने में डाल दिया गया।

रात में जब सुल्तान बहुत गहरी नींद में था, उसने एक विचित्र-सी बेचैनी महसूस की और उसकी आँख खुल गई। उसने देखा कि पंडित लोधन उसके सामने खड़े मुस्करा रहे हैं और उनके चेहरे से एक रोशनी फूट रही है।

सुल्तान ने ग़ज़बनाक होकर सवाल किया, "पंडित, इतने सख़्त पहरों के बावजूद तुम यहाँ तक किस तरह आ गए।"

पंडित लोधन ने शालीनतापूर्वक उत्तर दिया, "सुल्ताने-आली, ईश्वर की ऐसी ही इच्छा है।"

"आख़िर तुम्हारे यहाँ आने का मक़सद क्या है?" सुल्तान ने उसी तरह गरजदार आवाज़ में सवाल किया।

"आलीजाह, मैं आपको केवल यह अवगत कराना चाहता हूँ कि पृथ्वी, जल, अग्नि, वायु, सूर्य, चंद्रमा जो कुछ आप देखते हैं, ये समस्त प्राणियों के मधु हैं। और इनमें जो तेजोमय पुरुष है, यही वह आत्मा है जो अमर है। यही ब्रह्म है। यही सब प्राणियों में निहित है और इसी में सभी लोक और उसके समस्त प्राणी निहित हैं।"

सुल्तान को महसूस हुआ जैसे ये आवाज़ उसके संपूर्ण शरीर को भेदती जा रही है। उसने घबराकर प्रश्न किया, "फिर हिंदू पत्थरों की पूजा क्यों करते हैं?"

"आलीजाह, हिंदू पत्थरों की पूजा नहीं करते। पत्थरों में निहित सत्य का ध्यान करते हैं। उसी तेजोमय पुरुष को खोजते हैं जो समस्त प्राणियों का मधु है।"

सिकंदर लोदी सर्दियों के बावजूद पसीने में नहा गया। पंडित लोधन अदृश्य हो चुके थे। उसे लगा जैसे उसने कोई स्वप्न देखा हो। सुल्तान को अपनी किशोरावस्था के बूढ़े सूफ़ी दरवेश शेख़ हसन याद आ गए जो उसके रूप और सौंदर्य पर आसक्त थे। कहा जाता था कि वो हर समय ईश्वर के ध्यान में मग्न रहते हैं और उससे इतर कुछ भी नहीं देखते। सुल्तान जो उस समय एक शाहज़ादा था, अमीरों के बहुत समझाने के बावजूद अपने आक्रोश को नहीं रोक पाया था और उसने बूढ़े दरवेश को ज़ंजीरों में जकड़वाकर बंदीगृह में डलवा दिया था। दूसरे दिन शाहज़ादा इस कृत्य को अल्लाह के एक नेक बंदे का चमत्कार समझकर ख़ामोश रह गया था। किंतु पंडित लोधन तो एक काफ़िर था। सुल्तान को हैरत थी कि उसमें यह शक्ति कहाँ से आ गई।

सुल्तान ने सिलहदार (अंगरक्षक) को आवाज़ दी और उससे दारोग़ए ज़िंदाँ (बंदीगृह अधिकारी) को बुलवाया। दारोग़ा के साथ वह स्वयं उस स्थान पर गया जहाँ पंडित लोधन को ज़ंजीरों में जकड़कर रखा गया था। बाहर के दरवाज़े पर उसी तरह ताला लगा हुआ था। सुल्तान ने ताला खुलवाया और ख़ुद कोठरी में दाख़िल हुआ। वहाँ पंडित लोधन का कहीं पता नहीं था। हाँ, वह लोहे की ज़ंजीर जिसमें उन्हें जकड़ा गया था ज़मीन पर पड़ी हुई थी। सुल्तान जब बाहर आने लगा तो उसे महसूस हुआ जैसे ज़ंजीर बोल उठी हो, "आलीजाह, हिंदू मज़हब भी एक सच्चा मज़हब है।"

बाद में इतिहासकारों ने लिख दिया कि पंडित लोधन सुल्तान सिकंदर लोदी के हुक्म से क़त्ल कर दिए गए।

अंधा आकाश

"तुम्हारा नाम?" सुल्तानुल मुजाहिद अबुल फ़तेह मुहम्मद बिन तुग़लक़ की क़ब्र में फ़रिश्ते ने सवाल किया।

"मेरी इजाज़त के बग़ैर इतने सख़्त पहरों के बावजूद तुम्हारी यहाँ तक आने की जुरअत किस तरह हुई?" सुल्तान ने रोबदार आवाज़ में पूछा।

"अखुंद आलम, ये आपकी क़ब्र है, आपका दरबार नहीं। मैं यहाँ अल्लाह के हुक्म से आया हूँ।" फ़रिश्ते ने जवाब दिया।

"मेरे लिए दरबार में और क़ब्र में कोई फ़र्क़ नहीं। तुम अल्लाह से जाकर कहो कि वो मुझसे खुद मिलें या मिलने की कोई ऐसी जगह निश्चित कर दें जहाँ मैं अपना दरबार लगा सकूँ। और हाँ, मेरे वज़ीर (मंत्री) और कुत्ताब (सचिव) और कबीरुलहुज्जाब (मुख्य द्वारपाल) और नक़ीब और क़ाज़िउल कुज़्ज़ात (मुख्य न्यायाधीश) और कुव्वाद (मुख्य सेनाधिकारी) वग़ैरह को मेरा हुक्म पहुँचा दो कि वो दरबार के वक़्त मौजूद रहें।" सुल्तान ने अपना हुक्मनामा जारी किया।

"मुआफ़ कीजिएगा, मैं आपका हुक्म मानने के लिए मजबूर नहीं हूँ।" फ़रिश्ते ने कहा और आँखों के सामने से ओझल हो गया।

कुछ ही क्षणों में सुल्तान की क़ब्र दीवाने-ख़ास की तरह फैला दी गई और सुल्तान को कठघरे में खड़ा कर दिया गया। उसकी कमर से तलवार अलग कर दी गई और रेशम तथा ज़रबफ़्त की पोशाक के स्थान पर उसे साधारण कपड़े पहना दिए गए।

अदालत की कुर्सी पर एक फ़रिश्ता बैठा हुआ था जिसके दाईं ओर सदरेजहाँ क़ाज़िउल कुज़्ज़ात कमालुद्दीन ग़ज़नवी को बिठाया गया था। बाईं ओर थोड़े फ़ासले पर अच्छे-बुरे कर्मों का लेखा-जोखा रखने वाले दो फ़रिश्ते बैठे हुए थे। मज़लूमों और पीड़ितों के वकील के रूप में तारीख़े-फ़ीरोज़शाही के लेखक ज़ियाउद्दीन बरनी तथा समकालीन पर्यटन वृत्तांत लेखक इब्ने बतूता उपस्थित थे। सुल्तान मुहम्मद बिन तुग़लक़ को इजाज़त दी गई थी कि वो अपनी वकालत स्वयं कर सकते हैं।

सुल्तान ने एक उचटती दृष्टि ज़ियाउद्दीन बरनी और इब्ने बतूता पर डाली। ये ज़ियाउद्दीन बरनी जो सत्रह वर्षों से भी अधिक मेरी सेवा में रहा है और जिसे मैंने

इतना अधिक पुरस्कृत किया है कि ये उसकी कल्पना भी नहीं कर सकता। और ये तान्ज़ीर निवासी इब्ने बतूता जिसे मैंने अपने साथ दस्तरख़्वाने-शाही पर स्वादिष्ट व्यंजनों से नवाज़ा और जिसे मैंने अपना राजदूत बनाकर चीन भेजा, जिसने मेरे साथ कन्नौज, बहराइच और दूसरे अनेक प्रांतों की यात्रा की ये मेरे विरुद्ध तथाकथित पीड़ितों के वकील बनकर आए हैं। मेरी नज़र में इनकी कोई अहमियत और वक़अत नहीं है।

"जनाब मुहम्मद बिन तुग़लक़, ये अदालत है और यहाँ आपकी हैसियत महज़ एक मुल्ज़िम की है। आपके ख़िलाफ़ फ़रियादियों के जो मुक़दमे हैं, यहाँ महज़ उनकी सुनवाई होगी। आपकी निगाह में कौन अहम है और कौन नहीं है, इससे इस अदालत का कोई तअल्लुक़ नहीं।" अदालत की मुख्य कुर्सी पर बैठे फ़रिश्ते ने सुल्तान को टोका।

"गुस्ताख़ फ़रिश्ते, तुझे ये इल्म नहीं कि मैं अपनी क़ब्र में भी सुल्तानुल मुजाहिद अबुल फ़तह मुहम्मदशाह बिन तुग़लक़ हूँ। अल्लाह ने तमाम इंसानों के दरम्यान से चुनकर मुझे अपना ख़लीफ़ा और बादशाह बनाया। फ़रिश्तों की क़ौम इस शरफ़ से आज भी महरूम (वंचित) है।"

अदालत ने सुल्तान की बातों पर कोई ध्यान नहीं दिया और कार्यवाही शुरू करने का आदेश दिया।

सबसे पहले इब्ने बतूबा ने शेख़ हूद का मुक़दमा पेश किया, "इससे पहले कि मैं शेख़ हूद जैसे अज़ीम दरवेश के क़त्ल का सुल्तान को मुजरिम क़रार दूँ, मैं अदालत को बताना चाहूँगा कि सुल्तान अपनी गर्दन तक बेगुनाहों के ख़ून में डूबे हुए हैं। इनके महल के दरवाज़े पर कोई दिन ऐसा नहीं था जब लाशों के ढेर न दिखाई दिए हों। इन्होंने मालिक यूसुफ़ बुग़रा के नेतृत्व में दिल्ली की सीमा पर स्थित एक पहाड़ी के हिंदुओं को कुचलने के लिए सेना भेजने का आदेश दिया। बहुत से सैनिकों ने इस कार्य को उचित नहीं समझा और नहीं गए। बुग़रा की शिकायत पर सुल्तान ने साढ़े तीन सौ मुस्लिम सैनिकों को बंदी बनाकर क़त्ल करा दिया।"

"हाँ, मैंने ऐसा किया। सुल्तान के आदेश का पालन न करने की सज़ा सिर्फ़ मौत है।" सुल्तान के चेहरे पर इब्ने बतूता के लिए नफ़रत झलक रही थी।

इब्ने बतूता की बात को आगे बढ़ाते हुए ज़ियाउद्दीन बरनी ने कहा, "ये एक खुली हुई सच्चाई है कि सुल्तान एक तरफ़ पाँच वक़्तों की नमाज़ें पढ़ने का ढोंग करता था और दूसरी तरफ़ फ़िरऔन (मूसा पैग़ंबर के समय का सम्राट् जो स्वयं को ईश्वर कहता था) और नमरूद (इब्राहीम पैग़ंबर के समय का सम्राट् जो स्वयं को ईश्वर

कहता था) की तरह ईश्वर बन जाने के स्वप्न देखता था। वो बायज़ीद बस्तामी (एक प्रसिद्ध सूफ़ी जिसकी मृत्यु 848 ई० में हुई) और मंसूर हल्लाज जैसे उच्चतम श्रेणी के सूफ़ी-संतों की तरह केवल मैं ही प्रशंसा के योग्य हूँ और मैं ही ब्रह्म हूँ जैसे नारे लगाने का इच्छुक भी था और सूफ़ियों, आलिमों, सुन्नी मुसलमानों और शरीफ़ों की हत्या करने की तमाम सीमाएँ भी लाँघ गया था।"

"ये सरासर ग़लत इल्ज़ाम है। मैं खुद एक सुन्नी मुसलमान हूँ और सूफ़ी दरवेशों की बहुत इज़्ज़त करता हूँ। मैंने सिर्फ़ उन आलिमों (धर्माचार्यों) और शेख़ों (सूफ़ी-संतों) की हत्या कराई है जिनकी कथनी और करनी में अंतर पाया है।" सुल्तान ने दृढ़तापूर्वक अपना पक्ष स्पष्ट किया।

"हर शख़्स जानता है कि शेख़ हूद का संबंध हज़रत शेख़ बहाउद्दीन ज़करिया मुल्तानी के वंश से था और वो पूज्य शेख़ हज़रत रुकनुद्दीन के पोते थे। सुल्तान ने पहले तो उनका ज़बरदस्त अभिवादन किया और उन्हें मुल्तान की पैतृक ख़ानक़ाह के सज्जादे (गद्दी) पर आरूढ़ कराया और फिर सिंध के अमीर एमादुलमुल्क की शिकायत पर उन्हें बंदी बनाकर उनके सिर को उनके धड़ से अलग करवा दिया।" इब्ने बतूता ने शेख़ हूद के साथ हुए अत्याचार पर रोशनी डाली।

"शेख़ हूद की हत्या उनके अपराध का दंड थी। उन्होंने अपनी ख़ानक़ाह में अपने स्वार्थ के लिए धन एकत्र करना शुरू कर दिया था। उनकी ख़ानक़ाह में भोजन कराने का सिलसिला बंद कर दिया गया था। उनका धन संचय का लोभ इस सीमा तक बढ़ चुका था कि उनकी पुत्री की एक जोड़ी जूती में सात हज़ार दीनार के रत्न जड़े हुए पाए गए। ऐसे व्यक्ति को केवल मृत्यु दंड ही दिया जा सकता था। क़ाज़ीउल कुज़्ज़ात (मुख्य क़ाज़ी) कमालुद्दीन ग़ज़नवी चुप क्यों हैं? इस फ़ैसले में तो ये भी शामिल थे।"

फ़रिश्ते ने क़ाज़ी कमालुद्दीन ग़ज़नवी की तरफ़ देखा और क़ाज़ी ने हामी भरते हुए गर्दन हिला दी।

इब्ने बतूता ने ख़ामोशी तोड़ते हुए कहा, "सुल्तान ने अपने स्वार्थ के लिए धन संचय करने का जो आरोप शेख़ हूद पर लगाया है, वही आरोप जब शरीअताचार्य अफ़ीफ़ुद्दीन काशानी ने सुल्तान पर लगाया तो उनके शरीर को सिर के बीच से दो भागों में चीर दिया गया। काशानी का अपराध केवल इतना था कि उसने एक सही सुझाव दिया था कि अकाल पड़ने पर सुल्तान जो शाही ख़र्चे से कुएँ खुदवाकर खेती करा रहा है, उससे अनाज के शाही भंडार को संपन्न करने के बजाय प्रजा के हित में खुले बाज़ारों में भेज दिया जाए या ज़रूरतमंदों में बाँट दिया जाए।"

"अफ़ीफ़ुद्दीन काशानी का सुझाव राज्य के कार्यों में खुला हस्तक्षेप था और इससे बग़ावत भड़काने की गंध आ रही थी।" सुलतान ने अपना तर्क पूरे विश्वास के साथ प्रस्तुत किया।

इब्ने बतूता केवल मुस्कराकर रह गया। उसने सुल्तान पर आरोपों का सिलसिला जारी रखते हुए कहा, "शेख़ शिहाबुद्दीन जैसे ईश्वरज्ञ और उच्च कोटि के दरवेश के साथ सुल्तान ने जो अत्याचार किए, वो किसी प्रकार भी क्षम्य नहीं है। शेख़ एक प्रतिष्ठित एवं पवित्र जीवन व्यतीत करने वाले महात्मा थे। सुल्तान ऐसे लोगों की खोज में रहता था कि उन्हें राजसेवा के पदों पर नियुक्त करके उनकी ज़बान बंद कर दी जाए और उनसे अपने हर कृत्य पर प्रशंसा की मुहर लगवा ली जाए। मुझे सदरेजहाँ क़ाज़ीउल कुज़्ज़ात कमालुद्दीन ग़ज़नवी क्षमा करेंगे! मेरे अनेक समकालीन मित्रों का विचार है कि इन्हीं के जैसे महानुभावों की कृपा से सुल्तान को प्रोत्साहन मिलता रहा है। सुल्तान ने चाहा कि शेख़ शिहाबुद्दीन भी उसके निवेदन पर विचार करके राजसेवा स्वीकार कर लें। किंतु शेख़ ने स्पष्ट इनकार कर दिया। सुल्तान ने कारण जानना चाहा तो शेख़ ने दो टूक अपनी बात कह दी कि वो एक अत्याचारी शासक की राजसेवा नहीं स्वीकार कर सकते।"

सुल्तान नीचे से ऊपर तक लाल-पीला हो गया। दीवाने-क़ज़ा के मुहकमे में जूता उतारे बग़ैर सीधे शहर क़ाज़ी कमालुद्दीन सद्रेजहाँ के पास पहुँचा जो इस समय अदालत में उपस्थित हैं। सुल्तान ने क़ाज़ी से शिकायत की कि "शेख़ शिहाबुद्दीन जामी ने बिना किसी अपराध के उसे अत्याचारी कहा है। उसे बुलवाकर मेरा अत्याचार सिद्ध कराया जाए और इस्लामी धर्मशास्त्र के अनुरूप आचरण किया जाए।"

सदरेजहाँ ने तत्काल शेख़ शिहाबुद्दीन को बुलवाया और उससे उसके आरोप का स्पष्टीकरण माँगा। शेख़ ने पूरी गंभीरता से उत्तर दिया कि "सुल्तान ने जिस किसी अपराधी या निर्दोष की हत्या कराई, यह एक तर्क-वितर्क का विषय हो सकता है। किंतु उनकी स्त्रियों तथा बच्चों को जल्लादों के सुपुर्द कर देना इतना बड़ा अत्याचार है जो किसी भी धर्म-दृष्टि से उचित नहीं है। सुल्तान से पूछ लिया जाए कि उनके पास शेख़ शिहाबुद्दीन के इस तर्क का कोई उत्तर नहीं था।"

दुःख की बात ये है कि सदरेजहाँ क़ाज़ी कमाल की उपस्थिति में सुल्तान ने शरीअताचार्य शेख़ ज़ियाउद्दीन सिम्नानी को आदेश दिया कि "वो बढ़कर शेख़ शिहाबुद्दीन की दाढ़ी नोच लें।" शेख़ ज़ियाउद्दीन ने यह आदेश स्वीकार नहीं किया। अभिमानी सुल्तान को ज़बरदस्त चोट पहुँची। उसने आदेश दिया कि "शेख़ शिहाबुद्दीन और शेख़ ज़ियाउद्दीन दोनों की दाढ़ियाँ नोच ली जाएँ।" आदेश का पालन किया गया

और शेख़ शिहाबुद्दीन को बंदी बनाकर लोहे के पिंजरे में डाल दिया गया। फिर उसको दौलताबाद निर्वासित कर दिया गया।

सुल्तान के अत्याचार की इन्तेहा उस समय और उजागर हो गई जब शेख़ शिहाबुद्दीन कई वर्षों बाद सुल्तान की अनुमति से दिल्ली से छह मील दूर एक ऊसर भूमि पर विशाल गुहा बनाकर रहने लगा। सुल्तान ने मुख़्लिसुलमुल्क को उसके पास भेजा कि वो राजसेवा स्वीकार कर ले। मुख़्लिसुलमुल्क ने शेख़ को धमकियाँ दीं और बुरे परिणामों का संकेत भी किया। किंतु शेख़ का वही एक उत्तर था, "मैं अत्याचारी की सेवा नहीं कर सकता।" शेख़ को फिर से हथकड़ियाँ-बेड़ियाँ पहना दी गईं और क़ैदख़ाने में डाल दिया गया। शेख़ ने चौदह दिनों तक भोजन नहीं किया। अंत में मुख्य क़ाज़ी सदरेजहाँ कमालुद्दीन और शरीअताचार्य के बहुत समझाने और धमकाने पर भी जब वह नहीं माना तो सुल्तान के हुक्म से उसकी हत्या कर दी गई। सुल्तान के इस अत्याचार में क़ाज़िउल कुज़्ज़ात सदरेजहाँ कमालुद्दीन भी बराबर के शरीक हैं।

अदालत की कुरसी पर बैठे फ़रिश्ते ने अच्छे-बुरे कर्मों का लेखा-जोखा रखने वाले फ़रिश्तों की ओर देखा। उन्होंने स्वीकृति का संकेत किया। क़ाज़ी कमालुद्दीन के शरीर से न्याय के वस्त्र उतरवा लिए गए और उन्हें अपराधियों के वस्त्र पहना दिए गए।

सुल्तान जो अब तक चुप था पूरी आवाज़ से चीख़ पड़ा, "हाँ, मैं अत्याचारी हूँ।"

ठट्ठा से चौदह कोस दूर सिंध नदी के तट पर सेना के पड़ाव स्थल पर दो सप्ताह से बीमार चल रहे सुल्तान के विशिष्ट शिविर से उसकी चीख़ गूँजी। कई हकीम एक साथ दौड़ पड़े। 20 मार्च, 1351 की शाम अपनी कहानी का अंतिम पृष्ठ लिख चुकी थी। अंधा आकाश विश्राम के लिए दो गज़ ज़मीन टटोल रहा था और शाही महल के गुंबदों की छत मिट्टी के पेट में सोने के लिए सन्नाटों के बिछौने खोल रही थी।

मिट्टी की आबरू

रात की नमाज़ पढ़ने के बाद अशफ़ाक़ उल्लाह ख़ाँ फैज़ाबाद जेल की अपनी छोटी-सी कोठरी में खुरदुरा मोटा कंबल ओढ़कर लेट गए। आँखों में नींद का कहीं पता नहीं था। 'कल यानी 19 दिसंबर, 1927 की सुबह मेरी ज़िंदगी की कितनी ख़ूबसूरत सुबह होगी।' अशफ़ाक़ उल्लाह ख़ाँ का वक्ष इस विचार के कौंधते ही कुछ और चौड़ा हो गया। 'हो सकता है कल के आसमान का रंग कुछ गुलाबी हो। ये भी हो सकता है कि आसमान से कुछ फ़रिश्ते ज़मीन पर उतरें सिर्फ़ ये देखने के लिए कि इंसान उनके मुक़ाबले में कितना बुलंद और बड़ा है। फ़रिश्तों के सामने ज़िंदगी का कोई मक़सद नहीं है। लेकिन हर वो इंसान जिसके सामने अपने मुल्क की आज़ादी और उसके बाशिंदों की ख़ुशहाली का एक मक़सद है, उसकी आख़िरी साँस भी ख़ूबसूरत और बेशक़ीमत है।' अशफ़ाक़ उल्लाह ख़ाँ के चेहरे पर मुस्कराहट दौड़ गई।

कॉलेज के दिनों में युवक अशफ़ाक़ उल्लाह ख़ाँ के व्यक्तित्व ने किसे आकृष्ट नहीं किया था! गोरे-चिट्टे, ऊँचे डील-डौल और गठे शरीर वाले मधुरभाषी अशफ़ाक़ को सभी चाहते थे। गांधी जी के असहयोग आंदोलन से प्रभावित होकर जिन युवकों ने कॉलेज छोड़ा था, उनमें अशफ़ाक़ सबसे आगे थे। अम्मा को जब ख़बर मिली थी, उन्होंने बेटे को प्रशंसा की निगाहों से देखा था। उसकी बलाएँ ली थीं और ढेर सारी दुआएँ भी दी थीं। शाहजहाँपुर के पठानों में अशफ़ाक़ की एक अलग पहचान थी। वैसे तो देश-प्रेम की भावना उनके संभ्रांत और संपन्न परिवार के सभी सदस्यों में थी पर अशफ़ाक़ की तरह धुन का पक्का उनके घर में कोई नहीं था। सबसे बड़े भाई शहंशाह ख़ाँ भोपाल रियासत में ऊँचे पद पर थे। उनसे छोटे रियासत उल्लाह ख़ाँ कांग्रेस के स्थानीय कार्यक्रमों में पर्याप्त सक्रिय थे किंतु अशफ़ाक़ जैसी दीवानगी उनमें भी नहीं थी।

मैनपुरी षड्यंत्र का समाचार जिन दिनों अख़बार की सुर्ख़ियों में था, अशफ़ाक़ के दिल में रामप्रसाद बिस्मिल से मिलने की इच्छा जागने लगी थी। उन्हें जब सूचना मिली कि बिस्मिल शाहजहाँपुर में आकर बस गए हैं और आर्यसमाज मंदिर में रहते हैं, वो अपने उत्साह को रोक नहीं पाए थे।

अशफ़ाक़ जब उनसे मिले थे, बिस्मिल ने उन्हें नीचे से ऊपर तक बड़े ही विस्मय से देखा था जैसे उनमें कुछ टटोलने का प्रयास कर रहे हों। आर्यसमाजी संस्कारों में रचे-बसे रामप्रसाद बिस्मिल ने ये जानने के बाद भी कि अशफ़ाक़ उनके उर्दू मिडिल के सहपाठी रियासतउल्लाह ख़ाँ के छोटे भाई हैं, उनमें कोई दिलचस्पी नहीं ली थी। मैनपुरी षड्यंत्र के संबंध में कुछ जानने की अशफ़ाक़ उल्लाह ख़ाँ की जिज्ञासा अतृप्त रह गई थी। रामप्रसाद बिस्मिल के मन में मुसलमानों के प्रति संदेह की जो दीवार थी वो शायद बहुत ठोस और ऊँची थी।

"तुम मैनपुरी षड्यंत्र में इतनी रुचि क्यों ले रहे हो?" बिस्मिल ने बड़े ही तीखे स्वर में प्रश्न किया था।

"इसलिए कि मैं अपने मुल्क से मुहब्बत करता हूँ और इंक़लाबी तहरीक को वतन की आज़ादी के लिए ज़रूरी समझता हूँ।" अशफ़ाक़ का नितांत शालीन उत्तर पाकर बिस्मिल के विस्मय की रेखाएँ और गहरी हो गई थीं।

"तुम जानते हो कि मैं आर्यसमाजी हूँ और मुसलमानों की शुद्धि करने का पक्षधर हूँ।"

"ये आपका ज़ाती नज़रिया है। मैं तो सिर्फ़ इतना जानता हूँ कि आप एक देशभक्त हैं और इस मुल्क की आज़ादी के लिए कोई भी कुर्बानी दे सकते हैं।"

रामप्रसाद बिस्मिल को अशफ़ाक़ की बातों में सच्चाई की तेज़ आँच महसूस हुई थी। फिर भी एक मुसलमान पर विश्वास कर पाना उनके लिए संभव नहीं था। उन्होंने इधर-उधर की बातें करके अशफ़ाक़ को लौटा दिया था।

अशफ़ाक़ उस दिन घर आने के बाद चुपचाप सीधे अपने कमरे में चले गए थे। मोपला विद्रोह के सांप्रदायिक अंत और शुद्धि आंदोलन के प्रहारात्मक प्रचार-प्रसार ने हिंदुओं और मुसलमानों के बीच कितनी गहरी विभाजन-रेखा खींच दी है, अशफ़ाक़ बहुत देर तक सोचते रहे। 'क्या सचमुच मुसलमानों में देशभक्ति नहीं पाई जाती? क्या मुसलमानों के सहयोग के बिना भी हिंदू देश की आज़ादी प्राप्त कर सकते हैं?' नहीं, ये सब बातें निराधार हैं। सात-आठ वर्ष पहले बर्लिन में जिस 'भारतीय राष्ट्रवादी दल' की स्थापना हुई थी उसके चार प्रमुख सदस्यों में एक होशियारपुर निवासी डॉ० अब्दुल हाफ़िज़ भी थे। बाद में जो अन्य भारतीय क्रांतिकारी इस संगठन से जुड़े थे, उनमें बरकत उल्लाह की भूमिका किसी से कम महत्त्वपूर्ण नहीं थी।

हांगकांग से 376 पंजाबियों को जिस जहाज़ पर इस उद्देश्य से भेजा गया था कि वो भारत में ब्रिटिश सरकार के विरुद्ध सशस्त्र क्रांति का प्रयास करेंगे, उनमें 25 मुसलमान भी शामिल थे। इन लोगों के बीच भगवान सिंह तथा बरकत उल्लाह ने

जोशीले भाषण भी दिए थे। 'अशफ़ाक़ उल्लाह ख़ाँ का पक्का विश्वास था कि विदेशों के लिए भारतीय क्रांतिकारी हिंदू, सिख या मुसलमान नहीं थे, ये ख़ालिस हिंदुस्तानी थे।' काबुल में जब भारत की अस्थायी सरकार बनाई गई थी, उसके राष्ट्रपति राजा महेन्द्र प्रताप सिंह, प्रधानमंत्री बरकत उल्लाह और गृहमंत्री ओबैद उल्लाह बनाए गए थे। अशफ़ाक़ उल्लाह ख़ाँ का ख़याल था कि 'भारत की आज़ादी के मामले में धर्म और मज़हब को बीच में लाना आज़ादी के ख़िलाफ़ सुविधाभोगियों की एक खुली साज़िश है।'

शाहजहाँपुर में जिन दिनों हिंदू-मुस्लिम दंगा भड़क उठा था, अशफ़ाक़ उल्लाह ख़ाँ की चिंता देखने योग्य थी। घृणा और तनाव के वातावरण से नगरवासियों को बाहर निकालना, वो अपना धर्म समझ रहे थे। युवा मित्रों के साथ सुबह से शाम तक अशफ़ाक़ दिन-भर दौड़ते थे। हिंदुओं और मुसलमानों के संभ्रांत नागरिकों को समझाना आसान काम नहीं था, फिर भी उन्हें दोनों धर्मावलंबियों का एक मिला-जुला जुलूस निकालने में सफलता मिल ही गई थी। लोगों ने अशफ़ाक के प्रयास को बहुत सराहा था। स्वयं रामप्रसाद बिस्मिल भी अशफ़ाक से प्रभावित हुए बिना नहीं रह सके थे।

क्रांतिकारियों के संगठन 'हिंदुस्तान रिपब्लिकन एसोसिएशन' से अशफ़ाक़ उल्लाह ख़ाँ और रामप्रसाद बिस्मिल दोनों ही जुड़ चुके थे। किंतु 'रिपब्लिकन आर्मी' में अशफ़ाक़ का चुना जाना शुरू-शुरू के दिनों में बिस्मिल को बहुत अच्छा नहीं लगा था। धीरे-धीरे अशफ़ाक़ के व्यक्तित्व की मिठास का जादू बिस्मिल पर ऐसा चढ़ता गया कि दोनों की मैत्री गहराती चली गई। अशफ़ाक़ के साथ एक थाली में बैठकर भोजन कर लेने में भी बिस्मिल को कभी हिचकिचाहट महसूस नहीं हुई। अशफ़ाक़ उल्लाह ख़ाँ की अम्मा के हाथ के बने परांठे, रेलवे स्टेशन के पास ही स्थित उनके मकान पर बैठकर खाने में रामप्रसाद बिस्मिल को अद्‌भुत स्वाद मिलता था।

1924 की सर्दियों की बात है। अशफ़ाक़ उल्लाह ख़ाँ पर अचानक हलका-सा दिल का दौरा पड़ा और उन्हें बिस्तर पर लिटा दिया गया। सारा घर परेशान। अम्मा जानमाज़ बिछाकर न जाने कितनी दुआएँ माँगतीं। डॉक्टर ने दवाओं के साथ-साथ आराम करने और तनावमुक्त रहने पर बहुत ज़ोर दिया था। अशफ़ाक़ अकसर नींद से चौंक उठते और उनके होंठों पर 'राम-राम' शब्द आता। फिर आँखें बंद कर लेते। रिश्तेदारों ने समझा कि हिंदुओं के साथ ज़्यादा उठने-बैठने की वजह से अशफ़ाक़ पर हिंदू मज़हब का रंग चढ़ गया है। अम्मा तक ये ख़बर पहुँची। रिश्तेदारों की अक़्ल पर उन्हें आश्चर्य हुआ। तत्काल एक आदमी भेजकर रामप्रसाद बिस्मिल को बुलवाया।

राम को अपने पास पाकर अशफ़ाक़ की बेचैनी समाप्त हुई।

इसी वर्ष गर्मियों में योगेश चटर्जी के साथ जब पहली बार शचीन्द्रनाथ बख़्शी अशफ़ाक़ उल्लाह ख़ाँ से मिलने बनारस से आए थे तो उनके आकर्षक व्यक्तित्व को देखकर अभिभूत रह गए थे। मुखमंडल पर राजकुमारों जैसी आभा, वाणी में कोमलता और ठहराव, शब्दों के चयन में एक अनुशासित तहज़ीबी सतर्कता! यह जानने के बाद भी कि बख़्शी नास्तिक हैं, अशफ़ाक़ उल्लाह ख़ाँ ने उनसे धर्म और मज़हब की कोई बात नहीं की थी। अशफ़ाक़ का मानना था कि मज़हब ख़ालिस व्यक्तिगत विश्वास और आस्था की चीज़ है।

योगेश चटर्जी ने राजनीतिक हालात की समीक्षा करते हुए कहा था, "मैं समझता हूँ कि कांग्रेस के बड़े-बड़े नेता भी अब पूर्ण स्वराज की बात करने से कतराते हैं।"

"बात महज़ इतनी नहीं है। अफ़सोस यह है कि चितरंजनदास जैसे बेबाक इंसान ने भी अब नरमी का रुख़ अख़्तियार कर लिया है और मोतीलाल नेहरू की कैफ़ियत ये है कि वो अंग्रेज़ों को किसी क़ीमत पर नाराज़ नहीं कर सकते। उनकी मुकम्मल सोच डोमेनियन स्टेटस के इर्द-गिर्द मँडराती है।" अशफ़ाक़ उल्लाह ख़ाँ ने अपनी राय व्यक्त की थी।

"किंतु हमारे सामने जो भारतीय लोकतंत्र का लक्ष्य है, हम उससे एक क़दम भी पीछे नहीं हटेंगे।" बख़्शी ने हिंदुस्तानी रिपब्लिकन आर्मी के उद्देश्य को रेखांकित करते हुए कहा था।

क्रांतिकारियों के लिए सबसे बड़ी समस्या अच्छे हथियार एकत्र करने की थी। अशफ़ाक़ के बड़े भाई की लाइसेंसी बंदूक हमेशा इन्हीं क्रांतिकारियों के काम आई। फिर भी दल की आवश्यकतानुरूप माउज़र, पिस्तौल ख़रीदने के लिए जो कलकत्ता बंदरगाह पर जर्मनी से आते थे, काफ़ी अधिक नक़द रुपयों की ज़रूरत थी। प्रारंभ में कुछ अत्याचारी ज़मींदारों के यहाँ डकैती डाली गई। इस काम में अधिक ख़तरा नहीं था पर इसका प्रभाव जनता पर कुछ अच्छा न देखकर दल को निर्णय लेना पड़ा था कि अब सरकारी ख़ज़ाने लूटे जाएँगे।

उस दिन दल की बैठक से जब अशफ़ाक़ घर लौटे थे तो वहाँ ख़ासी चहल-पहल थी। चची अपने बच्चों के साथ मलीहाबाद से आई हुई थीं। उनकी बेटी रेहाना पिछले साल इंटर कर चुकी थी। अशफ़ाक़ की उससे किसी ज़माने में बड़ी दोस्ती थी। अब तो उसका रंग-रूप इतना निखर गया था और नाक-नक़्श इस क़दर तराशा-सा लगता था जैसे वो इस ज़मीन के बजाय सीधे आसमान से उतरी कोई हूर हो। आदाब, सलाम और दुआओं के बाद हँसी-मज़ाक़ और क़हक़हों में अशफ़ाक़ की दिन-भर की सारी

थकान विलुप्त हो गई थी।

"कहिए जनाब, आजकल आपकी शायरी के ज़ख़्मी कबूतर किन आसमानों में उड़ानें भर रहे हैं?" रेहाना की खनकती आवाज़ अशफ़ाक़ के कानों से टकराई थी, जो उनके क़रीब आकर बैठ गई थी।

"ज़ख़्मी कबूतर तो उन्हीं आसमानों में उड़ेंगे जहाँ वो लहू-रंग शफ़क़ (रक्तिम ऊषा) उगा सकें। मसला तो बेचारी तितलियों का है जो काँटों से दामन बचाती हुई फूलों की पुरसुकून (शांत) आग़ोश (गोद) तलाश करती हैं।" अशफ़ाक़ ने मुस्कराते हुए जवाब दिया था।

"माफ़ कीजिएगा जिन्हें आप तितलियाँ समझते हैं, उनमें हालात से लड़ने की कितनी कूवत है, इसका आप अंदाज़ा भी नहीं कर सकते।" रेहाना का चेहरा तमतमा उठा था।

अम्मा जो क़रीब ही बैठी दोनों की बातें सुन रही थीं, उनसे चुप नहीं रहा गया। कहने लगीं, "बेटा अशफ़ाक़, आज़ादी के सिपाही सिर्फ़ तुम्हीं लोग नहीं हो। हम औरतों को अगर मौक़ा दिया जाए तो किसी से कम साबित नहीं होंगे।"

अशफ़ाक़ की आँखें छलक पड़ी थीं। उन्होंने उठकर अम्मा को गले से लगा लिया, "अम्मा, आप वाक़ई लाजवाब हैं।"

दूसरे दिन लखनऊ में क्रांतिदल की एक गुप्त बैठक होने वाली थी और अशफ़ाक़ को वहाँ पहुँचना था। अम्मा का आशीर्वाद लेकर अशफ़ाक़ सुबह की गाड़ी से लखनऊ पहुँच गए थे।

9 अगस्त, 1925 को 8 डाउन एक्सप्रेस से सरकारी ख़ज़ाना लूटने का निश्चय किया गया। चंद्रशेखर आज़ाद ने इसका नक्शा पहले से तैयार कर लिया था। दल के दस सदस्य इस कार्य के लिए चुने गए थे जिनमें आज़ाद स्वयं भी शामिल थे।

काकोरी स्टेशन पर पूर्व योजना के अनुरूप शचीन्द्रनाथ बख़्शी, अशफ़ाक़ उल्लाह ख़ाँ और राजेन्द्र लाहिड़ी सेकेंड क्लास का टिकट लेकर ट्रेन पर सवार हो गए। शेष सात लोग स्टेशन से दूर निर्धारित वीरान जगह पर पहुँच गए जहाँ ट्रेन रोकी जानी थी। निश्चित स्थल आते ही तीनों क्रांतिकारियों ने अपनी जेबों से पिस्तौलें निकाल लीं। यात्रियों को सहमा और डरा देखकर अशफ़ाक़ उल्लाह ख़ाँ ने कहा, "आप लोग ज़रा भी परेशान न हों। हम पेशेवर डकैत नहीं हैं। हम क्रांतिकारी हैं। हमसे आपको कोई नुक़सान नहीं पहुँचेगा। हम सरकारी ख़ज़ाना लूटकर यहाँ से चले जाएँगे।" ज़ंजीर खींची गई और ट्रेन एक झटके के साथ रुक गई। चंद्रशेखर आज़ाद, रामप्रसाद बिस्मिल, मन्मथनाथ गुप्त इत्यादि झाड़ियों से बाहर निकल आए। गार्ड के डिब्बे से

ख़ज़ाने का संदूक नीचे उतारा गया और उसे तोड़ने का प्रयास किया ही जा रहा था कि एक तेज़ सर्च लाइट में सबके सब नहा गए।

"लगता है हमारी योजना खुल गई।" मुकंदीलाल ने धीमी आवाज़ में कहा।

"हमें सतर्क रहना चाहिए और जैसी भी स्थिति सामने आए, उसका मुक़ाबला करना चाहिए।" चंद्रशेखर आज़ाद का स्वर गूँजा।

"मुझे लगता है वो कोई एक्सप्रेस ट्रेन थी जिसकी हेड लाइट हम पर पड़ी थी। अब वो दूसरी पटरी बदलकर आगे निकल गई।" अशफ़ाक़ उल्लाह ख़ाँ ने इत्मीनान की साँस लेते हुए कहा।

कुछ ही क्षणों में फिर पहले जैसा सन्नाटा छा गया। संदूक तोड़कर ख़ज़ाना निकाला गया और सभी क्रांतिकारी लखनऊ के लिए पैदल ही चल पड़े।

दूसरे दिन सुबह लगभग सभी समाचार-पत्रों में काकोरी ट्रेन डकैती की ख़बर भरी पड़ी थी। खुफ़िया पुलिस हर तरफ़ फैल गई थी। सभी क्रांतिकारी सावधानी के साथ तितर-बितर हो गए। अशफ़ाक़ उल्लाह ख़ाँ अपने घर से आधे मील के फ़ासले पर गन्ने के एक खेत में तीन दिन छुपे रहे। शाम ढलते ही एक खेतिहर मज़दूर लड़की के वेश में रेहाना उनका खाना लेकर पहुँच जाती थी। दो-एक अख़बार भी साथ लाना न भूलती। देश के हालात की रेहाना को कितनी जानकारी थी, ये इन्हीं दिनों में अशफ़ाक़ को पता चला।

तीसरे दिन रेहाना अड़ गई थी, "कहीं और जाने से पहले आप अपना अच्छा-सा कोई शेर मुझे ज़रूर सुना दीजिए। शायद मैं उसे सँभालकर रख सकूँ।"

रेहाना अशफ़ाक़ उल्लाह ख़ाँ के भीतर छुपे शायर 'हसरत वारसी' को अपना आदर्श मानती थी। अशफ़ाक़ उसकी बात टाल नहीं सके और एक शेर क्या पूरी ग़ज़ल सुना दी। आख़िरी शेर रेहाना ने एक काग़ज़ पर नोट कर लिया—'हसरत जिसे भी होता है अपने वतन से प्यार/रखता है जान दे के भी मिट्टी की आबरू।' उसे लगा था जैसे इस शेर में उसके लिए कोई संदेश छुपा है।

अशफ़ाक़ वहाँ से निकलकर साथियों की तलाश में शहर दर शहर भटकते रहे। अंत में बनारस के एक मित्र की मदद से बिहार चले गए। वहाँ उन्होंने स्वयं को मथुरा का एक कायस्थ घोषित किया और अपना नाम धनंजय श्रीवास्तव बताया। डाल्टनगंज में उन्हें एक इंजीनियर के कार्यालय में नौकरी मिल गई। इंजीनियर महोदय शायरी के बेहद शौक़ीन थे। अशफ़ाक़ की शायरी पर मुग्ध हो गए और उनका वेतन भी बढ़ा दिया। किंतु कुछ ही महीनों में अशफ़ाक़ को इस तरह जीना अर्थहीन-सा लगा। सोचा इंजीनियरिंग की पढ़ाई के बहाने पासपोर्ट बनवाकर जर्मनी चला जाऊँ।

वहाँ क्रांतिकारियों के बीच कम से कम ज़िंदगी का एक मक़सद तो होगा।

नौकरी छोड़कर अशफ़ाक़ दिल्ली आ गए। पासपोर्ट के लिए भागदौड़ कर ही रहे थे कि शाहजहाँपुर के एक सहपाठी अताउर्रहमान ख़ाँ ने उन्हें पहचान लिया। मिले तो बहुत तपाक से। घर भी ले गए और अपने साथ खाना भी खिलाया। लेकिन दूसरे दिन अशफ़ाक़ उल्लाह ख़ाँ गिरफ़्तार कर लिए गए और उन्हें लखनऊ सेंट्रल जेल भेज दिया गया। अशफ़ाक़ पर घोषित दो हज़ार रुपये के पुरस्कार ने शायद मित्र की नीयत ख़राब कर दी थी।

अशफ़ाक़ के दूसरे कई साथी पहले ही गिरफ़्तार हो चुके थे और लखनऊ ज़िला जेल में थे। तीन-चार महीने बाद शचीन्द्रनाथ बख़्शी भी भागलपुर से गिरफ़्तार होकर सेंट्रल जेल में आ गए। अशफ़ाक़ यूरोपियन वार्ड में थे और बख़्शी एक दूसरी बैरक में। फिर भी दोनों की मुलाक़ात किसी न किसी बहाने से होती रहती थी। हाँ, अधिकारियों के समक्ष दोनों एक-दूसरे के लिए अजनबी थे। कुछ ही दिनों बाद अशफ़ाक़ के साथ बख़्शी का केस भी सेशन के सुपुर्द हो गया। जब पहली बार दोनों को बेड़ियाँ पहनाकर साथ-साथ कोर्ट भेजा जा रहा था, जेलर ने बख़्शी का परिचय अशफ़ाक़ से कराया, “अशफ़ाक़ साहब, इनसे मिलिए। ये हैं काकोरी केस के मुल्ज़िम शचीन्द्रनाथ बख़्शी।”

“ओह हाँ, बख़्शी साहब, ये हैं अशफ़ाक़ उल्लाह ख़ाँ। ये भी काकोरी केस के ही मुल्ज़िम हैं।”

“बहुत ख़ूब! फिर तो हमें एक-दूसरे को जानना चाहिए था। वैसे आपका नाम मैंने अख़बारों में बहुत पढ़ा है।”

बख़्शी और अशफ़ाक़ को कड़ी सुरक्षा में अदालत ले जाकर जज के सामने पेश किया गया। अदालत जब भी कोई प्रश्न करती, दोनों बेड़ियाँ बजाकर या तो ठहाका लगा देते या अशफ़ाक़ कोई चुभता शेर रचकर अपनी गूँजदार आवाज़ में सुनाने लगते।

अदालत से लौटने पर बख़्शी को भी अशफ़ाक़ उल्लाह ख़ाँ के साथ यूरोपियन वार्ड में कर दिया गया। अशफ़ाक़ लगभग रोज़ ही एक ग़ज़ल लिख डालते जो दूसरे अभियुक्तों के साथ मिलकर बरतनों के साज़ पर गाई जाती। अभियुक्तों के वकील इन ग़ज़लों को ले जाकर उर्दू दैनिक ‘हमदम’ और लखनऊ के दूसरे अख़बारों में छपवा देते।

मुख्य मुक़दमे के सरकारी वकील पं० जगतनारायण मुल्ला जिन्हें देशभक्तों के विरुद्ध बहस के लिए सरकार से पाँच सौ रुपये रोज़ का मेहनताना मिलता था, रिंग

थिएटर की अदालत से एक दिन कुछ क्षणों के लिए अशफ़ाक़ उल्लाह ख़ाँ की अदालत में आ गए। उन्हें देखकर अशफ़ाक़ के तन-बदन में आग-सी लग गई। तत्काल दो शेर रचकर अशफ़ाक़ ने अदालत को सुना डाला—'न कोई इंग्लिश, न कोई रशियन, न कोई जर्मन, न कोई तुर्की/मिटाने वाले हैं अपने हिंदी, जो आज हमको मिटा रहे हैं। चलो-चलो यारो रिंग थेटर, दिखाएँ तुमको हम उनके करतब/जो चंद टुकड़ों पे सीमो-ज़र के नया तमाशा दिखा रहे हैं।' अदालत में ठहाका गूँज उठा और पं० जगतनारायण मुल्ला चुपचाप खिसक लिए।

फ़ैसला सुनाए जाने का दिन आ गया था। अशफ़ाक़ ने पहले से इस अवसर के लिए एक हिंदी गीत लिख लिया था और बख़्शी के साथ मिलकर गाने का अभ्यास भी कर चुके थे। उस दिन अदालत में दोनों ने बड़े ही नाटकीय ढंग से प्रवेश किया था। बेड़ियाँ बजाई जा रही थीं और सुर मिलाकर दोनों गा रहे थे, "हे मातृभूमि तुझको, निशदिन नमन करूँगा/फाँसी मिले मुझे या हो जन्म क़ैद मेरी/बेड़ी बजा-बजाकर तेरा भजन करूँगा।"

फ़ैसला सुनाया गया। अशफ़ाक़ उल्लाह ख़ाँ को फाँसी की सज़ा और शचीन्द्रनाथ बख़्शी को उम्रक़ैद। बख़्शी की आँखों से आँसू छलक पड़े थे।

"अशफ़ाक़, तुम उम्र में मुझसे साल-डेढ़ साल ही बड़े थे। आज अदालत ने फ़ैसला सुनाकर तुम्हें मुझसे बहुत बड़ा कर दिया। मैं तुम्हारी ऊँचाई कभी नहीं छू सकूँगा। जब हम दोनों एक ही लक्ष्य के सहयात्री थे तो सज़ाएँ अलग-अलग क्यों दी गईं।" अशफ़ाक़ उल्लाह ख़ाँ ने बख़्शी को लिपटा लिया और मुस्कराते हुए उनके आँसू पोंछ डाले।

19 दिसंबर, 1927 की सुबह फ़ैज़ाबाद जेल के फाँसी मैदान में अशफ़ाक़ उल्लाह ख़ाँ को फाँसी दे दी गई। 'हिंदोस्तान ज़िंदाबाद' की आवाज़ हवा में लहराई और सन्नाटा छा गया। जेलर और दूसरे अधिकारियों को बीच से चीरती लाल चादर में लिपटी एक सुंदर-सी युवती यंत्रवत् उस स्थान पर पहुँच गई जहाँ फाँसी दी गई थी। उसके हाथ में एक डायरी थी जिसे जेलर ने आगे बढ़कर उससे छीन लिया। युवती नीचे ज़मीन पर झुकी और उसने मिट्टी का चंदन उठाकर अपनी माँग में भर लिया। जेलर ने डायरी खोली। उसके पहले ही पृष्ठ पर रक्त की रोशनाई से एक शेर लिखा हुआ था—हसरत जिसे भी होता है अपने वतन से प्यार/रखता है जान दे के भी मिट्टी की आबरू।' जेलर का चेहरा क्रोध से लाल हो गया।

मकान

"यार शाहीन, चालीस बाई पैंतालीस का हमने जो प्लॉट ख़रीदा है, ये वाक़ई बड़ा ही आइडियल है।" सफ़ेद काग़ज़ पर पेंसिल और स्केल की मदद से प्लॉट की चौहद्दियाँ बनाते हुए शुएब ने कहा।

शाहीन बरामदे से लगे किचन में गैस स्टोव पर कड़ाही में सब्ज़ी के लिए मसाला भून रही थीं। 'जी, अभी आई' कहती हुई उसने जल्दी-जल्दी काम निबटाया। सब्ज़ी के लिए आँच हलकी-सी धीमी कर दी और दुपट्टे से हाथ पोंछती हुई शुएब के पास बरामदे में पड़ी एक कुरसी खींचकर बैठ गई।

"प्लॉट तो सचमुच बहुत शानदार है।" शाहीन ने कहा।

"वो मकान जिसका फ्रंट पूरब की जानिब होता है, हमेशा अच्छा माना जाता है।" शुएब का चेहरा खिला हुआ था।

"क्या आपने वास्तुशास्त्र भी पढ़ा है?" शाहीन मुस्कराई।

"नहीं भई, वास्तुशास्त्र भला मैं क्या पढ़ूँगा? बड़े-बूढ़ों से जो बात सुनी थी, कह दी।"

"वैसे बात दुरुस्त है। पूरब रुख़ वाले मकान में हवा और रोशनी ख़ूब रहती है।"

"ख़ैर, इसे छोड़ो। अब देखो कि क़ानून के मुताबिक़ सामने पंद्रह फुट जगह खुली छोड़नी पड़ेगी।"

"पंद्रह फुट क्यों? दो सौ गज़ के प्लॉट में दस फुट जगह छोड़ना काफ़ी है। बहुत से लोगों ने तो चार फुट जगह भी नहीं छोड़ी है।"

"अच्छा चलो दस फुट रख लो। अब सिर्फ़ पैंतीस फुट बचते हैं। साइड में दस फुट की गैलरी छोड़नी ही पड़ेगी।"

"दस फुट क्यों, सात फुट काफ़ी है।"

"सात फुट में कार ले जाना और बैक करना बहुत मुश्किल होता है। फिर गैरेज भी तो सात फुट चौड़ा नहीं बनाया जा सकता।"

"एक सेकेंड हैंड मारुति तो आज तक ख़रीदी नहीं गई। और आप बात ऐसी करते हैं जैसे क्वैलिस या तवेरा दरवाज़े पर खड़ी हो।"

"भई, क्वैलिस और तवेरा भी आ जाएगी। पहले मकान तो बन जाए।"

"ख़्वाब देखने में कोई बुराई नहीं है। आप ख़ूब जानते हैं कि प्लॉट ख़रीदने के बाद बैंक में कुछ आठ हज़ार रुपये बचे हैं।"

"मकान तो लोन लेकर बनवा लूँगा। मेरे ख़याल में लोन मिलने में कोई दुशवारी न होगी।"

"दो बेडरूम के मकान में सात-आठ लाख तो लग ही जाएँगे।"

"हाँ, इससे कम क्या लगेंगे।"

"लोन के सात-आठ लाख की महीना किस्त मेरे ख़याल में पाँच हज़ार तो होगी।"

"हाँ, कुछ इसी के आसपास होगी।"

"फिर इतने पैसे कहाँ से आएँगे। अभी तो आपकी तनख़्वाह के जो रुपए मिलते हैं, उन्हीं में ख़र्च मुश्किलों से चलता है।"

"भई, आप तो संजीदा हो गईं। हाई स्कूल से एम०ए० तक आपकी फ़र्स्ट डिवीज़न है। जूनियर फ़ेलोशिप मिल रही है। कल पी-एच०डी० करके लेक्चरर हो जाएँगी। फिर किस्तें भी अदा हो जाएँगी।"

"बातें करना कोई आपसे सीखे। सामने की सच्चाई ये है कि–हमारे ख़्वाब का मंज़र है आलमे एहसास/हमारे ख़्वाब की ताबीर है ख़यालों में।"

"आप सही कहती हैं। लेकिन जो ख़्वाब एहसास की सतह पर जागते हैं और जिन्हें ख़्यालों में ज़िंदा रखा जाता है, वही एक दिन कोई ठोस शक्ल अख़्तियार कर लेते हैं। ख़ैर छोड़िए, इन बातों को और मकान की तरफ़ आ जाइए। सात फुट की साइड गैलरी छोड़ने पर कुल बत्तीस फुट बचेंगे। इसलिए कि एक फुट बाउंड्री वॉल में निकल जाएगा।"

"इस बत्तीस फुट में ढाई-तीन फुट आप दूसरी तरफ़ भी छोड़ दीजिए।"

"वो किसलिए?"

"मकान खुला-खुला और हवादार होना चाहिए।"

"चलिए तीन फुट अगर उधर भी छोड़ दिया जाए तो कुल अट्ठाईस फुट बचेंगे। सामने ड्राइंगरूम, बरामदा और गेस्टरूम के साथ किचेन…।"

"देखिए, किचेन बहुत छोटा नहीं होना चाहिए।"

"नहीं भई, नौ बाई ग्यारह का किचेन रख रहा हूँ।"

"हाँ, ये साइज़ ठीक है। इसमें चूल्हे के ऊपर इलेक्ट्रिक चिमनी का प्रोविज़न ज़रूर रखिएगा। किचेन में तेल-घी की महक से बहुत कोफ़्त होती है और सामने

की दीवार तो बिलकुल चौपट हो जाती है।"

बेटी शीरीन ने आकर शाहीन के बाजू हिलाए, "मम्मी, आप इस काग़ज़ पर ही किचेन बनाती रहेंगी या उस किचन को भी देखेंगी, जहाँ से सब्ज़ी के जलने की बहुत तेज़ महक आ रही है।"

शाहीन दौड़ती हुई किचेन में गईं। हर तरफ़ धुआँ भरा हुआ था। आलू-गोभी की सब्ज़ी कड़ाही से चिपककर काली हो रही थी। शाहीन ने चूल्हा बंद किया। एक बड़े चम्मच से ऊपर-ऊपर से सब्ज़ी निकालकर एक हॉट-पॉट में रखी और कड़ाही में पानी डालकर उसे सिंक में छोड़ दिया। बाहर निकलकर शुएब से बोलीं, "आपके मकान ने मेरी सब्ज़ी जला दी। अब दोबारा तो मैं बनाने से रही। आज यही जली हुई सब्ज़ी खाएँगे सब लोग।"

"मम्मी, मैं तो ये सब्ज़ी बिलकुल नहीं खाऊँगी। खाना खाने के बाद मुझे होमवर्क भी करना है। कहीं जली हुई सब्ज़ी की महक मेरे होमवर्क में घुस गई तो कल मेरी स्कूल टीचर अपनी गोल नाक फुलाकर न जाने क्या-क्या पूछने लगेंगी। आप मेरे लिए पिज़्ज़ा मँगवा दीजिएगा।"

"हाँ भई, पिज़्ज़ा की खुशबू से होमवर्क में जान आ जाएगी।" शुएब मुस्कराते हुए बोले।

बेटा शहाब जो बेडरूम में टी०वी० देख रहा था पिज़्ज़ा की भनक उसके कानों में पड़ गई। बाहर बरामदे में आकर बोला, "कहाँ ले जा रहे हैं अब्बू हम लोगों को पिज़्ज़ा खिलाने?"

"ले कहाँ जाएँगे। क्वालिटी फ़ोन करेंगे। घर पर ही आ जाएगा।"

"आइडिया बुरा नहीं है।" शहाब ने कहा।

"बुरा क्यों नहीं है। तुम लोग तो बैठकर मज़े से पिज़्ज़ा खाओ और मैं उसकी खुशबू लेती रहूँ।" शाहीन ने शुएब की तरफ़ देखते हुए हलकी-सी चोट की।

"नहीं जनाब, आप सिर्फ़ खुशबू क्यों लेती रहेंगी! सभी लोग साथ चलेंगे। अभी ऐसा बुरा वक़्त भी नहीं आया है कि महीने में दो-चार बार किसी अच्छे रेस्टोरेंट में बैठकर खाना न खाया जा सके।"

"माई अब्बू इज़ ग्रेट।" शीरीन ने तालियाँ बजाईं और सारा वातावरण हँसी की गूँज से गुनगुना उठा।

तीन-चार महीने भी नहीं बीते थे कि शाहीन की अंग्रेज़ी विभाग में प्रवक्ता के पद पर नियुक्ति हो गई। शुएब को मकान का सपना साकार होता-सा लगा। दूसरे ही दिन अपने एक मित्र आर्किटेक्ट वर्मा के यहाँ पहुँच गए। वर्मा ने प्रस्तावित मकान

के नक़्शे का एक प्रारूप लेकर इतवार को घर आने का वादा किया। शुएब ने महसूस किया कि वो पूरी तरह चिंतामुक्त हो गए हैं। घर लौटते हुए बच्चों के लिए गुप्ता की दुकान से काला जाम और गरम-गरम समोसे भी ले लिए। शीरीन ने देखा कि अब्बू का मूड बहुत अच्छा है। 'वाओ' कहकर उसने दोनों हाथ हवा में लहराए और बढ़कर एक समोसा उठा लिया। समोसे और काला जाम में उसकी विशेष रुचि नहीं थी। फिर भी अब्बू को खुश देखने के ख़याल से समोसे का एक टुकड़ा खाते ही कहा, 'वाह, मज़ा आ गया।' कुछ देर बाद अब्बू को खुश देखकर उसने वीरज़ारा की सी०डी० की फ़र्माइश कर दी और अब्बू ने तत्काल घर आए अपने एक स्टूडेंट को भेजकर सी०डी० मँगवा दी। शहाब थोड़ा गंभीर था। उसे शीरीन की ये फिजूल ख़र्चियाँ अच्छी नहीं लगती थीं। फिर भी चुप रह गया।

इतवार को सुबह नौ बजे वर्मा जी आ गए। डुप्लेक्स का एक नक़्शा उन्होंने तैयार कर लिया था। शुएब ने शाहीन को भी ड्राइंगरूम में ही बुला लिया। नीचे ड्राइंगरूम उसी में एल शेप में खुलता डाइनिंग कॉर्नर, किचेन, ट्वाइलेट और गेस्टरूम था। गेस्टरूम से लगा हुआ भी एक ट्वाइलेट था। पीछे गैरेज और छोटा-सा किचेन-गार्डेन। ऊपर तीन बेडरूम, एक स्टडीरूम और दो ट्वाइलेट। शाहीन को नक़्शा बेहद पसंद आया। कमरों का साइज़ भी बुरा नहीं था। पूरा मकान बनाने में वर्मा जी ने बताया कि चौदह लाख लग जाएँगे। ये भी कहा कि "फ़िलहाल नीचे का बनवा लीजिए और ऊपर एक बेडरूम, एक ट्वाइलेट काफ़ी होगा। वुडवर्क अभी मत कराइए और फ़र्श भी केवल सीमेंट का रखिए, बाद में मार्बल लग जाएगा। इस तरह मकान आठ लाख में बन जाएगा। सात लाख यूनिवर्सिटी से आपको लोन मिल जाएगा, बाक़ी के एक लाख का इंतज़ाम पी०एफ़० से कर लीजिएगा।"

शाहीन को वर्मा जी का सुझाव ठीक लगा। नगर विकास अधिकारी के कार्यालय से नक़्शा पास कराना, रजिस्ट्री दफ़्तर से ज़मीन के बारह वर्षीय विवादमुक्त रहने का प्रमाणपत्र और लोन की आवश्यक कार्रवाई की सारी ज़िम्मेदारी उन्हीं पर डाल दी गई। चाय पीकर वर्मा जी चले गए। शाहीन को लगा शुएब सचमुच गंभीर हैं और मकान बनवाकर ही मानेंगे।

दो सप्ताह बाद वर्मा जी ने सुबह-सुबह घंटी बजाई। शुएब ने खुद ही दरवाज़ा खोला। "यार, शुएब, नक़्शा पास कराने के लिए पंद्रह हज़ार देने पड़ेंगे।" वर्मा जी ने कहा।

"क्यों? मकान का नक़्शा तो क़ानून के दायरे में बना हुआ है।"

"हाँ भाई, जभी तो पंद्रह हज़ार माँग रहा है इंजीनियर, और वो भी मेरी वजह से।"

"यार, इतने पैसे तो मेरे पास नहीं हैं। बैंक में मुश्किल से दस हज़ार होंगे। ख़ैर, छोड़ो पी०एफ़० से निकलवाकर तुम्हें दे दूँगा। इसमें तीन-चार दिन तो लग ही जाएँगे।"

शुएब ने वर्मा जी से चाय पीने के लिए बहुत कहा, पर वो ढेर सारे काम बताकर चले गए।

इधर कुछ दिनों से शाहीन का स्वास्थ्य गिरता जा रहा था। मेडिकल कॉलेज में चेकअप कराया तो डॉक्टरों ने जॉन्डिस बताया। किडनी में भी मामूली-सा वर्म पाया गया। शुएब ने भाग-दौड़ में कोई कमी नहीं की। शाहीन थोड़ा भी कोई काम करती थीं तो बहुत थकान हो जाती थी। फिर भी दवाओं से ख़ासी सँभल गई थीं। वर्मा जी ने अपने दायित्व का निर्वाह करते हुए पंद्रह-बीस हज़ार भले ही ख़र्च करा दिए, अपेक्षित काग़ज़ों के साथ लोन का आवेदनपत्र दिलवा दिया था और यूनिवर्सिटी ने सात लाख का लोन सैंक्शन भी कर दिया।

एक सप्ताह बाद शुएब हाउस लोन के ढाई लाख रुपये के चैक की पहली किस्त लेकर जब घर लौटे तो भीतर ही भीतर बहुत खुश थे। शाहीन को यह देखकर कितना अच्छा लगेगा कि हमारा ख़्वाब अब ख़यालों से निकलकर ठोस ज़मीन पर उतर आया है। बेटे ने घर का दरवाज़ा खोला तो उसका चेहरा उड़ा हुआ था। बेटी भी दौड़कर आ गई थी।

"हम लोग कब से आपका इंतज़ार कर रहे हैं। डिपार्टमेंट में भी भाई ने फ़ोन किया था पर आप वहाँ नहीं थे। अम्मी को ज़बरदस्त उल्टी हुई है और उसमें कुछ ख़ून के चकत्थे भी थे।" शीरीन ने कँपकँपाती परेशान-सी आवाज़ में कहा।

"कहाँ हैं तुम्हारी अम्मी?"

"अंदर बेडरूम में लेटी हुई हैं।"

शुएब दौड़े हुए बेडरूम में आए? शाहीन का चेहरा बिलकुल सफ़ेद हो रहा था, जैसे किसी ने सारा ख़ून चूस लिया हो। शुएब की धड़कनें तेज़ हो गईं और एक अनजाना-सा डर कहीं करवटें लेने लगा। मेडिकल कॉलेज के सुपरिंटेंडेंट जानने वाले थे। उन्हें फ़ोन किया और एम्बुलेंस घर पर बुलवा ली। शाहीन को इमरजेंसी वार्ड में एडमिट कर लिया गया।

घर पर बच्चों की देखभाल करने वाला कोई नहीं था। रात-भर बच्चे इमरजेंसी वार्ड में पड़े रहे। दूसरे दिन शाहीन को आई०सी० यूनिट में शिफ़्ट कर दिया गया। सुबह से शाम तक तरह-तरह के टेस्ट होते रहे। इस बीच और भी कई उलटियाँ हुईं। शाहीन कमज़ोर होती चली गईं। अंत में डॉक्टरों ने ऑल इंडिया मेडिकल इंस्टीट्यूट

को रेफ़र कर दिया। एम्बुलेंस लेकर शुएब दिल्ली के लिए रवाना हुए। एक जूनियर डॉक्टर भी साथ कर दिया गया। बच्चे भी एम्बुलेंस में ही बैठ गए। दूसरी गाड़ी करके शुएब के कुछ छात्र और दो-एक मित्र भी साथ गए।

बच्चों को अपने एक दोस्त यश खुराना और उनकी पत्नी के हवाले करके, जो ख़बर पाते ही एम्स पहुँच गए थे, शुएब एडमिट किए जाने की औपचारिकताओं, में लग गए। वहाँ फिर नए सिरे से सारे टेस्ट किए गए। कैंसर की संभावनाएँ देखने के विचार से लीवर की बायप्सी भी की गई। शुएब ने अपने पैतृक मकान पर बड़े भाइयों को फ़ोन किया। सोचा था कि तीन भाभियों में से कोई एक भी अगर कुछ दिनों के लिए आ सकें तो काफ़ी अच्छी देखभाल हो जाएगी। किंतु शुएब को बड़ी निराशा हुई। बड़ी भाभी ने बताया कि उनका सबसे छोटा बेटा कई दिनों से अस्वस्थ है और इस स्थिति में उसे छोड़कर निकल पाना संभव नहीं। मझली भाभी की समस्या यह थी कि वो कॉलेज से सारी छुट्टियाँ पहले ही ले चुकी हैं। अब उन्हें अवकाश नहीं मिल सकता। छोटी भाभी का कहना था कि अभी उनके बच्चे बहुत छोटे हैं। दो-एक दिन की बात होती तो वो आ भी जातीं। बच्चों को घर पर छोड़कर महीना-पंद्रह दिन बाहर रह पाना उनके लिए नामुमकिन है।

शुएब ने धैर्य से काम लिया। शिकवे-शिकायत का अवसर नहीं था। वैसे भी खुराना और उनकी पत्नी ने बच्चों की देखभाल के साथ-साथ शाहीन की भी हर संभव देखभाल करने में कोई कमी नहीं की। शुएब को दुःख था कि शाहीन के मायके से सूचना देने के बावजूद कोई नहीं आया। हाँ, शाहीन की अम्मी दूसरे-तीसरे दिन फ़ोन करके ख़ैरियत पूछ लेती थीं। शाहीन के एक मामू लखनऊ मेडिकल कॉलेज में डॉक्टर थे। वो शुएब के कहने पर एक दिन के लिए ज़रूर आ गए थे। उनकी बातों से लगा था कि शाहीन का लीवर पूरी तरह डैमेज हो चुका है। हाउस लोन की पहली किस्त की राशि शाहीन के इलाज में फुँक गई। पी०एफ़० में भी जो कुछ था, निकालना पड़ा। फिर भी एम्स में डेढ़ महीने के इलाज के बाद शाहीन का निधन हो गया।

शुएब ने दिल्ली में ही शाहीन के कफ़न-दफ़न का प्रबंध कर दिया और बच्चों को लेकर अलीगढ़ लौट गए। तीजे पर भाइयों और ससुरालियों की अच्छी-ख़ासी भीड़ एकत्र हो गई। छोटे से मकान में इतने सारे लोग। विवश होकर गेस्ट हाउस में प्रबंध करना पड़ा। रक्त के रिश्ते शायद गाँवों तक ही सिमटकर रह गए हैं। शहरों में भावनाओं का उबाल आर्थिक छींटों का स्पर्श पाकर ठंडा पड़ चुका है। सामाजिक रस्मों का ड्रेसिंग गौन पहनकर कुछ निकट के रिश्ते शादी और मौत के अवसरों पर

खड़े ज़रूर हो जाते हैं किंतु उनमें आत्मीयता की गरमाहट नहीं होती। तीजे के बाद संबंधियों को विदा करते हुए शुएब ऐसे ही विचारों से गुज़र रहे थे।

शुएब ने किराए का मकान छोड़ दिया और यूनिवर्सिटी के मकान में शिफ़्ट हो गए। विभाग के ऑफ़िस अटेंडेंट भूप सिंह को इस बात के लिए तैयार कर लिया कि वो सपरिवार आकर उनके साथ रहें। यूनिवर्सिटी का मकान बहुत बड़ा था। सात कमरे थे, तीन बाथरूम, बड़ा-सा आँगन। शुएब ने तीन कमरे अपने पास रखे और चार भूप सिंह को दे दिए। पत्नी, चार बेटियाँ और दो बेटे, भूप सिंह को इतने बड़े मकान में बहुत सुख मिला। खाने का सारा ख़र्च शुएब सँभालते थे। शहाब और शीरीं भी जो लगभग टूट-से गए थे, धीरे-धीरे सामान्य दिखाई देने लगे।

सात-आठ वर्ष इसी तरह बीत गए। मकान के लिए शुएब ने जो प्लॉट ख़रीदा था, उसे बेचकर हाउस लोन की रक़म वापस कर दी थी और जो थोड़े-बहुत पैसे बच गए थे, उन्हें बैंक में डाल दिया था। एक दिन अचानक बड़े भाई का फ़ोन आया, “गाँव के कुछ खेत हमलोग बेचने जा रहे हैं, तुम्हारे हस्ताक्षरों की भी ज़रूरत पड़ेगी इसलिए तुम दो दिनों की छुट्टी लेकर आ जाओ।” छह बीघा ज़मीन के चौबीस लाख मिले थे। छह लाख का एक ड्राफ्ट शुएब को भी दे दिया गया।

शुएब जब वापस लौटे तो बेटे ने कहा, “अब्बू, आपके रिटायरमेंट में अब चार-पाँच वर्ष ही रह गए हैं। मुनासिब समझिए तो इन पैसों से प्लॉट ख़रीदकर एक मकान बनवा लीजिए।”

सुझाव उपयुक्त था। शुएब ने चार लाख का एक प्लॉट ख़रीद लिया और मकान का नक़्शा बनवाने के लिए फिर वर्मा जी के पास गए। बेटे ने कह रखा था, “केवल ग्राउंड फ़्लोर ही बनवाइएगा। फ़र्स्ट फ़्लोर मैं अपनी पसंद से बनवाऊँगा।” शुएब को अच्छा लगा था कि बेटे की दिलचस्पियाँ अपने पिता के साथ रहने में हैं।

चार-पाँच वर्ष देखते ही देखते निकल गए। बेटा बैंगलोर के एक मेडिकल कॉलेज में डॉक्टर नियुक्त हो गया था। बेटी अहमदाबाद की एक मल्टीनेशनल कंपनी में मार्केटिंग मैनेजर थी। शुएब रिटायर हो चुके थे। यूनिवर्सिटी का मकान छोड़ने के लिए छह महीने का समय था। मकान भी बनकर तैयार हो गया। सामान शिफ़्ट कराने और इंटीरियर डेकोरेशन के विचार से शहाब और शीरीन छुट्टियाँ लेकर अलीगढ़ आ गए।

जिस दिन मकान शिफ़्ट किया जा रहा था, शुएब पर अचानक दिल का दौरा पड़ा। मेडिकल कॉलेज में भरती किया गया तो डॉक्टरों ने अपोलो रेफ़र कर दिया। शीरीन ने मेडिकल सुपरिंटेंडेंट की मदद से अपोलो फ़ोन किया। वहाँ से उनकी विशेष

गाड़ी लेने आई। बेटे और बेटी साथ-साथ गए। अपोलो के डॉक्टरों ने आठ-दस घंटे के प्रयास के बाद शुएब की बिगड़ती हालत को लगभग सँभाल लिया था। बेटे और बेटी को मिलने की अनुमति दी गई। बच्चों को देखकर शुएब की आँखें भीग गईं और दोनों कोनों से आँसू लुढ़क पड़े। बेटी ने कहा, "अब्बू, आप बिलकुल परेशान न हों। डॉक्टर कहते हैं कि आप बहुत जल्द ठीक हो जाएँगे। फिर आपको नए मकान में भी तो शिफ़्ट करना है।"

शुएब के होंठों पर हलकी-सी मुस्कराहट तैर गई। "हाँ बेटे, अब तो नए मकान में ही शिफ़्ट करना है। मेरे लिए दो गज़ का मकान काफ़ी है?" नर्स ने अधिक बोलने के लिए मना कर दिया। शहाब और शीरीन खुदा हाफ़िज़ कहकर बाहर निकल आए।

एक हथेली, आधी दस्तक

नसरीन की दृष्टि जब अचानक कुछ आहट पाकर रीडिंग टेबल से ऊपर उठी तो उसने अपने ठीक सामने डॉ० आबिदी को खड़े पाया जिनकी पीठ इस समय उसकी तरफ़ थी और वो लाइब्रेरी की शेल्फ़ से कोई पुस्तक निकाल रहे थे। नसरीन को लगा, जैसे वह पूरी तरह जमकर रह गई है। जहाँ की तहाँ। चेतनाशून्य। जब तक वह इस स्थिति से निकलती, डॉ० आबिदी उर्दू स्टेक से जा चुके थे। हाल के सन्नाटे में वह उनके पगों की चाप बिलकुल स्पष्ट सुन रही थी जो उसके भीतर कहीं आहिस्ता-आहिस्ता पेवस्त होती जा रही थी। अपने निशान छोड़ती हुई और उन निशानों को शब्द और अर्थ में ढालती हुई।

नसरीन ने बनारस विश्वविद्यालय से एम०ए० किया था और शादी के बाद वह ब्याह कर मेरठ आ गई थी। उसके अब्बा उसके ससुराल वालों के ख़ानदान से अच्छी तरह परिचित थे और तीस-पैंतीस वर्ष पहले ये लोग बनारस में ही उसके पड़ोस में रहते थे। नतीजे में लड़के के बारे में ज़्यादा छानबीन किए बग़ैर अब्बा ने सारी बात पक्की कर दी।

नसरीन जब पहली बार दुल्हन बनकर मेरठ आई तो सास और ससुर के प्यार भरे बर्ताव के बावजूद उसे यह जानकर धक्का लगा कि उसका पति प्री यूनिवर्सिटी के बाद जब छह-सात वर्षों तक प्रयास करने के बावजूद बी०काम० नहीं कर पाया तो घर वालों ने उसे शामियाना और क़नात वग़ैरह की एक छोटी-सी दुकान करा दी।

ससुराल के नाम पर किराए का एक पुराना मकान था जिसमें कोने की एक कोठरी उसे भी दे दी गई थी। कोठरी इसलिए कि उसे कमरा कह पाना बहुत मुश्किल था। न कोई खिड़की, न रोशनदान। खरंजे का फ़र्श। पुरानी दीवारें। नसरीन ने पीछे का कुछ हिस्सा परदा डालकर अलग कर लिया था। कपड़े बदलने और स्टोर वग़ैरह के लिए कुछ जगह निकालना ज़रूरी था। बनारस के मकान का हवादार कमरा याद करके वह इस कोठरी के तिलिस्मी अँधेरे में एक अजीब-सी घुटन महसूस करती। दीवारों के झड़े प्लास्टर बल्ब की पीली रोशनी का स्पर्श पाकर मन के ज़ख़्म फूल की तरह खिलखिला उठते और वह उनकी हँसी में भविष्य के क्षितिज तलाश करने लगती।

शादी को अभी दो ही तीन वर्ष हुए थे कि एक दिन सास अल्लाह को प्यारी हो गईं। सन्नाटों की चारदीवारी इस तरह कुछ और ऊँची हो गई। घर में एक जेठ थे जिनकी अभी शादी नहीं हुई थी। यूनिवर्सिटी में पढ़ाते थे और उनका ठाट-बाट भी कुछ अलग था। मकान की बैठक और उससे लगा कमरा उनके क़ब्ज़े में था जिसमें शादी के बाद उन्होंने अटैच्ड बाथरूम भी बनवा लिया था। एक देवर थे जिनकी शादी नसरीन के इस घर में आने से दो वर्ष पूर्व हो चुकी थी। मेरठ में ही एक ऑफ़िस में क्लर्क थे। देवरानी जो अब तक एक प्यारी-सी बच्ची की माँ बन चुकी थीं, बूटा-सा क़द, गेहुँआ रंग, चमकदार आँखें, इस घर पर लगभग हुकूमत करती थीं। ससुर अल्लाह वाले आदमी थे। कई वर्ष पहले रिटायर हो चुके थे। नमाज़-रोज़े के बड़े पाबंद, दाढ़ी रखना हर मुसलमान का फर्ज़ समझते थे। गठिया के मरीज़ थे, लेकिन जोड़ों में दर्द के बावजूद नमाज़ कभी नहीं छोड़ते थे। नसरीन उन्हें अब्बा कहती थी और वह उसे छोटी या मझली दुल्हन कहने के बजाय उसके नाम से पुकारते थे। पुरबिया अंदाज़ से जिस समय वो 'ए नसरीन' पुकारते नसरीन सिमटकर उनके सामने छोटी-सी बच्ची बन जाती और उनकी सेवा में मन से जुटी रहती।

फिर भी अब्बा जिस समय उसके पति को नालायक़ और नाकारा कहते उसके भीतर एक कोलाहल-सा मच जाता। वह सीधे अपनी कोठरी में घुस जाती और पलंग पर लेटकर देर तक सिसकती रहती। उसे अपनी देवरानी की वह बात रह-रहकर याद आ जाती जो उसकी शादी के बाद थोड़ा घुल-मिल जाने पर उसने कही थी, "भाभी, मुझे हैरत है कि तुम्हारे माँ-बाप ने क्या देखकर तुम्हारी शादी यहाँ कर दी?"

तीन-चार वर्षों में नसरीन ने बड़ी हद तक हालात से समझौता कर लिया था। शादी के पहले वर्ष तो उसका अकसर मन करता कि वह इस क़ैद को तोड़कर कहीं भाग जाए। मुजीब रात-रात भर ग़ायब रहते और कभी-कभी दो-तीन दिन बाद लौटते, नसरीन जब टोकती और पत्नी के रिश्ते से अपने अधिकारों की बात करती, मुजीब गंभीर हो जाते, "भई, मैं तो शादी करने के पक्ष में नहीं था। अब्बा ने ज़बरदस्ती मेरी शादी कर दी। तुम अपनी शिकायतें अब्बा के सामने क्यों नहीं रखतीं?"

एक दिन अकेलेपन से तंग आकर नसरीन ने अब्बा से इच्छा व्यक्त की कि वह उर्दू में पी-एच०डी० करना चाहती है। मुजीब से वह इस सिलसिले में पहले ही बात कर चुकी थी। उसकी हिम्मत इसलिए पड़ी कि उसकी जेठानी केमेस्ट्री में रिसर्च ज्वाइन कर चुकी थीं। अब्बा उसका संकल्प देखकर बहुत ख़ुश हुए और उसी दिन शाम को उसे अपने साथ लेकर उर्दू के विभागाध्यक्ष प्रो० क़दीर के घर गए। प्रोफ़ेसर क़दीर सीधे-सादे शरीफ़ आदमी थे। हाई स्कूल से एम०ए० तक नसरीन की प्रथम

श्रेणी देखकर मुग्ध हो गए। पर जब नसरीन ने बताया कि उसकी रुचि कथा साहित्य में है तो वह एक क्षण के लिए मौन रहे फिर अब्बा से बोले, "इस प्रसंग में आपको डॉ० आबिदी से संपर्क करना होगा।"

डॉ० आबिदी नसरीन के ससुराली जनों के लिए नए नहीं थे। नसरीन के बड़े जेठ जो कई वर्षों से कनाडा में थे, डॉ० आबिदी के घनिष्ठ मित्र थे। फिर भी वहाबी आस्था वाले मुजीब के पिता उटंगा पाजामा पहनना शरीअत की ख़ास अलामत समझते थे, उन्हें झिझक यह थी कि डॉ० आबिदी शिया थे और शियाओं को वह काफ़िर समझते थे। नसरीन ने भी बनारस में शियाओं के बारे में तरह-तरह की बातें सुनी थीं। उसके बड़े भाई तो अकसर कहा करते थे, "शियाओं के यहाँ कभी पानी मत पीना। वह सुन्नियों को थूककर पानी पिलाते हैं।"

नसरीन जब डॉ० आबिदी से मिलने गई तो मुजीब के पिता भी उसके साथ थे। डॉ० आबिदी बड़े तपाक से मिले और अपनी तमाम घरेलू परेशानियों के बावजूद पुराने संबंधों का लिहाज़ करते हुए उन्होंने नसरीन को अपने निर्देशन में लेना स्वीकार कर लिया। उनकी पत्नी उन दिनों गंभीर रूप से बीमार थीं। डॉ० आबिदी उन्हें हर पंद्रहवें दिन मेडिकल इंस्टीट्यूट में चेकअप के लिए दिल्ली ले जाया करते थे। इतनी दौड़-धूप और उलझनों में घिरे रहकर भी डॉ० आबिदी के चेहरे पर जो तेज और स्वभाव में सहजता थी, उसे देखकर नसरीन चकित थी।

डॉ० आबिदी ने दूसरे दिन नसरीन को विभाग में आने के लिए कहा। नसरीन को यह देखकर सुखद आनंद का अहसास हुआ कि डॉ० आबिदी ने नितांत आत्मीय भाव से विषय की सिनॉप्सिस इत्यादि तैयार कराके रिसर्च का फ़ॉर्म जमा करा दिया।

दाख़िले की औपचारिकताओं में लगभग छह-सात महीने निकल गए। इस बीच मुजीब ने शामियाने-क़नात का काम समाप्त करके कपड़े की एक छोटी-सी दुकान कर ली थी जिससे आमदनी कुछ ठीक-ठाक होने लगी थी। डॉ० आबिदी से मिले हुए नसरीन को एक लंबा समय निकल चुका था।

दाख़िले के बाद जब वह पहली बार उनके पास गई तो डॉ० आबिदी की अप्रत्याशित गंभीर और खोई-खोई-सी मुद्रा देखकर स्तब्ध रह गई। पता चला कि उनकी पत्नी का दो-तीन माह पूर्व निधन हो गया। नसरीन की समझ में नहीं आया कि सांत्वना के दो शब्द किस प्रकार व्यक्त किए जाएँ। वह कुछ देर चुपचाप बैठी रही और फिर इजाज़त लेकर घर आई।

रिसर्च के पहले वर्ष में डॉ० आबिदी से नसरीन की मुलाकातें बहुत औपचारिक-सी रहीं। हाँ, जब उसने एम०फ़िल० का डिसर्टेशन लिखना शुरू किया तो उसे डॉ० आबिदी

को बहुत निकट से देखने-जानने का अवसर मिला। उनके बच्चे भी उससे बहुत घुल-मिल गए थे। उसे वह दिन नहीं भूलता था जब वह पहली बार मुजीब के साथ उनके घर गई थी। ड्राइंगरूम के फ़र्श पर जली सिगरेटों के सौ-डेढ़ सौ टुकड़े, सोफ़े पर फैली अनगिनत किताबें, इधर-उधर बिखरे कुछ लिखे-अनलिखे काग़ज़ात। कोने की मेज़ पर जमी ढेरों धूल। बड़ी मुश्किल से डॉ० आबिदी ने नसरीन और मुजीब के बैठने के लिए जगह बनाई थी। उन्हें न तो अपने मकान की इस हालत पर कोई शर्मिंदगी थी, न इस बिखराव का कोई अहसास। उस दिन मुजीब के कहने पर नसरीन ने बड़ी मेहनत से ड्राइंगरूम को चमका दिया था।

रिसर्च में नसरीन की व्यस्तताओं ने मुजीब को और भी खुली आज़ादी दे दी थी। सुबह कभी लाइब्रेरी और कभी डॉ० आबिदी के घर नसरीन को पहुँचाकर मुजीब की ज़िम्मेदारी पूरी हो जाती थी। घर के तंग कमरे में रिसर्च का काम कर पाना नसरीन के लिए नामुमकिन-सा प्रतीत होता था इसलिए अकसर वह डॉ० आबिदी के घर पूरे-पूरे दिन रह जाती थी। शिया-सुन्नी आस्थाओं को लेकर भी वह अपनी जिज्ञासाएँ बेझिझक डॉ० आबिदी के सामने रख देती थी।

"हमने सुना है कि शिया हज़रत अली को अपना नबी मानते हैं।"

"आप तो पढ़ी-लिखी हैं। आपने क्या कहीं ऐसी बात पढ़ी है?"

"नहीं, पढ़ी तो नहीं।"

"फिर सुनकर यक़ीन क्यों कर लिया?"

"नहीं, मैं तो सिर्फ़ जानना चाहती थी?"

"क्यों? क्या शिया कोई और क़ुरआन पढ़ते हैं?"

"ऐसा तो मैंने नहीं सुना।"

"ख़ूब! आख़िर शिया वही तो मानते होंगे जो क़ुरआन में है?"

"हाँ, ये तो है।"

"भई, इस तरह की बातें लोग आपस में नफ़रत पैदा करने के लिए उड़ाते रहते हैं।"

"लेकिन एक बात तो है।"

"वह क्या?"

"शिया हज़रत अली को बहुत बढ़ा-चढ़ाकर पेश करते हैं।"

"ये बात दूसरी तरह भी कही जा सकती है।"

"वह कैसे?"

"सुन्नी हज़रत अली को बहुत घटाकर पेश करते हैं।"

"हरगिज़ नहीं। सुन्नी हज़रत अली को चौथा ख़लीफ़ा मानते हैं।"

"हाँ मानते हैं।"

"फिर?"

"फिर ये कि आप ख़ुद ही ग़ौर कीजिए। पहले ख़लीफ़ा को सिद्दीक़ कहते हैं, दूसरे को फ़ारूक, तीसरे को ग़नी और चौथे के लिए बेचारों के पास कोई भी गुणवाचक शब्द नहीं बचता। ख़ैर, छोड़िए इन बातों को। आप जो मानती हैं मानती रहिए। शियाओं को उनकी आस्था के अनुरूप मानने दीजिए। अब तो इनमें आपस में शादी-ब्याह भी नहीं होता। फिर इन बातों पर ग़ौर करने से फ़ायदा क्या है?"

नसरीन जब उस दिन घर लौटी तो बहुत देर तक उसके मन में यही सवाल घुमड़ता रहा था। हिंदुस्तान में मुट्ठी-भर मुसलमान हैं और उनकी भी अलग-अलग मान्यताएँ हैं। शिया-सुन्नी, देवबंदी, अहले हदीस, बरेलवी और न जाने क्या-क्या!

एक दिन उसने रात को नौ बजे जब टी०वी० खोला तो उस पर बहुत दिलचस्प बहस आ रही थी। एक देवबंदी मौलाना ने जनाज़े की नमाज़ पढ़ा दी। गाँव वाले बरेलवी मत के थे। उनके मौलाना कहीं बाहर गए हुए थे। जब लौटे और उन्हें देवबंदी मौलाना के नमाज़ पढ़ाने की ख़बर मिली! उन्होंने तत्काल फ़तवा जारी कर दिया, "जनाज़े की नमाज़ पढ़ने वालों के निकाह टूट गए।" नसरीन को ये ख़बर सुनकर बड़ा मज़ा आया। 'काश, मेरा निकाह भी किसी तरह टूट जाता।' लेकिन वह कुछ ही देर में बुझ-सी गई। उसके ससुराल वाले बरेलवी नहीं हैं इसलिए उसका निकाह तो किसी हालत में भी नहीं टूट सकता।

उस रात वह जब भी सोने की कोशिश करती उसके दिमाग़ में टी०वी० पर आने वाली इस तरह की और भी न जाने कितनी ख़बरें एक-एक करके एकत्र होने लगतीं। आख़िर सुन्नियों के विभिन्न संप्रदायों में ही इस तरह की बातें क्यों हैं। तलाक़, तलाक़, तलाक़ कह दिया और वैवाहिक जीवन का अंत हो गया। बनारस में उसके मुहल्ले की बात थी। हमीदा बाजी ने शादी के दस वर्ष बाद अपने पति को बताया कि शादी वाले दिन उनके अब्बा जब उसे उठाकर ला रहे थे, उनकी नीयत ख़राब हो गई थी और उन्होंने उसके शरीर के कुछ हिस्सों पर हाथ फेरा था। ख़बर फैल गई और मौलाना ने घोषणा कर दी कि हमीदा बाजी का निकाह टूट गया। इस्लामी शरीअत ने सारे क़ानून औरतों के विरुद्ध क्यों बनाए हैं। अपराध किसी का भी हो, झेलना हर स्थिति में औरत को है।

उस रात नसरीन ने एक अजीब ख़्वाब देखा। आसमान से बहुत-सी हूरें ज़मीन पर उतर आई हैं। उनके हाथ में लाल झंडियाँ हैं। वो ज़ोर-ज़ोर से चिल्ला रही हैं।

'फरिश्ते निष्पक्ष नहीं हैं, फ़रिश्ते पुरुषों के दलाल हैं।' उसे महसूस हुआ कि वह पिघलकर एक तरल बन गई और उस तरल से एक नई हूर ने जन्म लिया है जिसके माथे पर सुर्ख़ रोशनाई से इंक़लाब लिखा हुआ है। उसके अम्मा-अब्बा उसके पास खड़े हैं और एकटक उसे देख रहे हैं। उसने इस ख़्वाब की चर्चा किसी से नहीं की। उसके मन में एक विचित्र-सा भय समा गया था।

एम०फ़िल० का डिसर्टेशन तैयार हो चुका था। डॉ० आबिदी ने उसकी बाइंडिंग करवाकर डिग्री के लिए भेज दिया। नसरीन के पास अब समय ही समय था। उसने मुजीब से बनारस चलने के लिए कहा। लेकिन कुछ व्यस्तताएँ बताकर वह नहीं गए। एक महीने बाद जब वह लौटी, उसके वाइवा की तारीख़ निश्चित हो चुकी थी।

मुजीब वाइवा से दो दिन पहले दिल्ली चले गए। पक्का वादा करके गए थे कि वाइवा के दिन ज़रूर मेरठ में होंगे। वाइवा हो गया और मुजीब नहीं लौटे। औरत उनके लिए सलाह-मशविरे के साथ ज़िंदगी गुज़ारने वाली पुरुष की सहयात्री नहीं थी। नसरीन की प्रताड़ना भी उनके लिए अर्थहीन थी। पति की लापरवाही के घाव बहुत गहरे लगते हैं। कभी-कभी वह स्थिति इतनी बढ़ जाती है कि मानसिक संतुलन खो बैठने की पीड़ा से गुज़रना पड़ता है। सच तो यह है कि आंतरिक दुनिया में अगर हलचल मच जाए तो फिर अपने को सँभालकर रख पाना बहुत मुश्किल होता है। नसरीन उस दिन अपने कमरे में अपने बिस्तर पर पड़े-पड़े बहुत रोई थी।

दूसरे दिन नसरीन डॉ० आबिदी से मिलकर पी-एच० डी० के विषय से संबंधित बात कर रही थी। अचानक उसके मन में न जाने क्या बात आई, उसने डॉ० आबिदी के सामने एक सीधा-सा प्रश्न रख दिया, "आप दूसरी शादी क्यों नहीं कर लेते?"

"क्यों ? क्या मेरी इस ज़िंदगी में कोई ख़राबी है?"

"नहीं, मैं तो इसलिए कह रही थी कि आपको कुछ आराम मिल जाता।"

"बात आराम मिलने या न मिलने की नहीं है। मैं वैवाहिक जीवन को मात्र एक समझौता मानने के पक्ष में नहीं हूँ। यह एक समूचा अनुशासन है। और कोई भी अनुशासन केवल क़ानून बना देने से व्यवस्थित नहीं होता। वैवाहिक जीवन तो आप भी गुज़ार रही हैं। क्या इस जीवन को ख़ूबसूरत और सार्थक बनाने में आपकी और आपके पति की बराबर की सहभागिता है?"

नसरीन ऐसे किसी प्रश्न के लिए तैयार नहीं थी। उसे लगा जैसे किसी ने उसकी जड़ें हिला दी हों। डॉ० आबिदी का अगर लिहाज़ न होता तो वह ऐसी बात पर फूट-फूट कर रो पड़ती। उसने अपने आप को नियंत्रित किया और चुप रहना ही ठीक

समझा। वह जब घर लौटी तो मुजीब पहले से घर में मौजूद थे। वह सीधे अपने कमरे में चली गई और फ़ाइल एक तरफ़ टिकाकर बिस्तर पर लेट गई।

मुजीब के साथ उसकी शादी का छठा वर्ष था। संतान तो उसे वैसे भी नहीं होनी थी। डॉक्टरों ने उसकी परीक्षा करके इस तथ्य की स्पष्ट घोषणा कर दी थी। वह अकसर सोचती पति-पत्नी के संबंधों की मिठास केवल शारीरिक सुख तक सीमित नहीं है। सामाजिक मान-मर्यादा, उमंगें, हौसले, सभी कुछ दरकार होते हैं जीने के लिए। मुजीब का ध्यान आते ही उसे लगता, जैसे उसकी ऊर्जा ग़ैरज़रूरी तरीक़े से चूसी जा रही है। उसे मुजीब पर तरस आ जाता। उनके स्वभाव का चिड़चिड़ापन, बात-बात पर उखड़ना, बैठे-बैठे पैर पटकना और अपने मुक़द्दर के लिए उसे दोषी ठहराना, इतना सब कुछ उसकी ज़िंदगी को दोज़ख़ बना देने के लिए काफ़ी था। नसरीन इस दोज़ख़ में बहुत गहराई तक झाँकने के पक्ष में नहीं थी।

डॉ० आबिदी से बातों-बातों में एक दिन नसरीन ने अपने मन की सारी गिरहें खोल दीं। उसने डॉ० आबिदी के भीतर जगी संवेदनाओं को झकझोर दिया था। वे भावुकता के बहाव में कुछ क्षणों के लिए आ भी गए थे किंतु स्वयं को संयत रखते हुए उन्होंने बड़ी गंभीरता से जीवन की ऊँच-नीच को समझाने का प्रयास किया। एक विवाहिता मुस्लिम स्त्री की सीमाएँ उसे अधिक फड़फड़ाने नहीं देतीं। सुन्नी शरीअत क़ानून को लाँघना आपके लिए आसान नहीं है। फिर आपके माँ-बाप आपके किसी फ़ैसले से टूट और बिखर सकते हैं।

नसरीन ने घर जाने के बाद अब्बा की अलमारी से 'औरत इस्लामी मआशरे में' शीर्षक किताब निकाली और अपनी पलंग पर लेटकर पढ़ने लगी। वह किताब पढ़ने के साथ ही साथ अंदर-अंदर सुलग रही थी। इस हदीस को पढ़कर उसने अपनी मुट्ठियाँ भींच लीं—'जब कोई शौहर अपनी बीवी को हमबिस्तरी के लिए बुलाए तो उसे सब काम छोड़कर आ जाना चाहिए। अन्यथा फ़रिश्ते उस पर सारी रात लानत भेजेंगे।' कमाल है। ये फ़रिश्ते मर्दों पर कभी लानत नहीं भेजते। वह दिल ही दिल में बड़बड़ा रही थी। फ़रिश्ते भी शायद मुल्लाओं के चाबी भरे खिलौने हैं।

अभी नसरीन किताब पढ़ ही रही थी कि मुजीब कमरे में दाख़िल हुए। वह उन्हें देखते ही उठकर बैठ गई। मुजीब की नज़र किताब के शीर्षक पर पड़ गई।

"ये इस्लामी शरीअत में कब से दिलचस्पी हो गई? क्या देखना चाहती हो इस किताब में?" मुजीब ने ख़ासे कड़वे ढंग से ये प्रश्न दाग़ दिए।

"मैं देखना यह चाहती हूँ कि तलाक़ देने का अधिकार केवल मर्दों को है या औरतें भी तलाक़ दे सकती हैं।" नसरीन ने संयत रहते हुए मुजीब के प्रश्नों का

उत्तर दिया।

"इस्लाम औरतों को तलाक़ का अधिकार नहीं देता। वह खुलाअ़ ले सकती है लेकिन उसकी भी इतनी सख़्त शर्तें हैं कि वह उनके लिए नामुमकिन है।"

"यही तो मैं देखना चाहती हूँ।"

"क्यों? क्या मुझे तलाक़ देने की बात सोच रही हो?"

"हाँ, यह सोचने में हर्ज ही क्या है!"

बस, फिर क्या था। मुजीब सीधे अब्बा के पास पहुँचे और उन्होंने सारी बात जड़ दी।

घर में एक तूफ़ान-सा उठ खड़ा हुआ। एक-एक करके सभी लोग नसरीन को घेरकर खड़े हो गए।

"मैं पहले से कहता था, लड़कियों को बहुत आज़ादी नहीं देनी चाहिए।"

"लिटरेचर पढ़कर औरतें बर्बाद हो जाती हैं और घर तबाह हो जाता है।"

"कुछ नहीं, यह सब डॉ० आबिदी ने इसे पढ़ाया होगा। शिया होते ही हैं इस्लाम के दुश्मन।"

"मोहतरमा दिन-दिन भर डॉ० आबिदी के कमरे में जाकर बैठी रहती हैं।"

"साहबज़ादी, मेरी बात साफ़-साफ़ सुन लीजिए। रिसर्च करनी है तो घर से सीधे लाइब्रेरी और लाइब्रेरी से घर। कहीं इधर-उधर जाने की कोई ज़रूरत नहीं है।"

नसरीन चुपचाप सबकी बातें सुनती रही। कितने ही सवाल उससे किए गए। उसने किसी का जवाब नहीं दिया। शायद उसमें विद्रोह की ताक़त नहीं थी या फिर वह चिनगारी जो उसके भीतर कहीं निरंतर सुलग रही थी, डॉ० आबिदी का प्रोत्साहन न पाकर ठंडी पड़ गई थी।

दूसरे दिन डॉ० आबिदी को अचानक लाइब्रेरी के उर्दू स्टेक में पाकर उसने एक अजीब-सी स्थिति महसूस की थी अपने भीतर। उसे लगा था कि वह हवा जिसमें मिट्टी की भीनी-भीनी खुशबू और हरे-भरे पेड़ों की महक होती है और जो हृदय की सतह को छूकर उसमें अपनी रूह उँड़ेल देती है, उस हवा से खुद को अलग रख पाना उसके लिए कितना मुश्किल है। उसकी हथेली की वह आधी दस्तक जिसमें एक अनजाने ख़ौफ़ की थरथराहट थी, शायद उस हवा को स्पर्श नहीं कर पाई और न ही जोड़ पाई उसका रिश्ता सुबह के सूरज की उन रश्मियों से जिनमें उड़ान भरते परिंदों के हौसलों का स्पंदन है।

कँटीली झाड़ियों के बीच

टी०वी० के 'संवाद' चैनल के अमित का तबादला बरेली से अलीगढ़ के रीजनल क्राइम ब्यूरो में कर दिया था। मथुरा, बुलंदशहर और अलीगढ़ की अपराध शाखा के प्रमुख प्रभारी के रूप में उनका दायित्व बहुत बढ़ गया था। यहाँ अपने कार्यालय के निकट ही सिविल लाइंस के शास्त्री मार्ग पर उन्होंने एक फ़्लैट किराए पर ले लिया था। साथ में एक पहाड़ी नौकर गहतोड़ी था जो खाना और नाश्ता बना दिया करता था और घर की देखभाल भी करता था। अमित अधिकतर बाहर-बाहर ही रहते थे। मुश्किल से सप्ताह में तीन दिन घर पर रह पाते। गहतोड़ी उनके आने पर अकसर बड़बड़ाता, "शाबजी, आप कुछ कहकर तो जाते नहीं। खाना मुझे दोनों शमय बनाना पड़ता है। शब शामान बरबाद होता है।" अमित केवल मुस्कराकर रह जाते।

फ़्लैट के सामने कोठी दिलरुबा थी। अंग्रेज़ी मॉडल की मेहराबों और दरों वाली कोठी जिसका प्लास्टर जगह-जगह से झड़ रहा था और पुताई तो शायद उस पर पिछले बीस वर्षों से नहीं हुई थी। लोगों का कहना है कि लगभग नब्बे वर्ष पहले इसे नवाब इस्माइल ख़ाँ ने बनवाया था। उनके बेटों का पूरा परिवार अब लंदन में रहता है। नवाब साहब के छोटे बेटे ने लंदन जाते समय पचास रुपये माहवार पर ये कोठी अपने एक मित्र चौधरी विक्रम सिंह को, जो उन दिनों आयकर अधिकारी थे, इस उद्देश्य से किराए पर उठा दी थी कि उनकी देख-रेख में कोठी का रंग-रूप बना रहेगा। चौधरी साहब जब तक सर्विस में रहे, उन्होंने इस बात का ध्यान भी रखा। उनके दोनों बेटों ने इसी कोठी में रहकर अलीगढ़ से इंजीनियरिंग किया था और अब बैंगलोर और अहमदाबाद में पत्नी और बच्चों के साथ रह रहे थे।

चौधरी विक्रम सिंह की उम्र चौहत्तर-पचहत्तर वर्ष की थी। लंबा क़द, छरहरा शरीर, चेहरे पर झुर्रियों का कहीं नाम नहीं। हाँ, गाल पहले की तरह भरे-भरे नहीं रह गए थे। उनकी पत्नी उनसे चार-पाँच वर्ष छोटी थीं। तीन हज़ार वर्ग गज़ की इस कोठी में केवल यही पति-पत्नी रहते थे। एक नौकरानी बिमला कोठी के पिछले भाग में एक कमरे में अपने पति और दो बच्चों के साथ रहती थी। चौका-बरतन और घर की सफ़ाई का काम वही देखती थी। पति रिक्शा चलाता था और ज़रूरत पड़ने पर

चौधरी साहब और उनकी पत्नी को उनके दो-एक मित्रों के घर या कभी-कभार डॉक्टर भाटिया के सीनियर सिटिज़न अस्पताल ले जाया-ले आया करता था। चौधरी साहब ने उसके दोनों बच्चों को पास के एक इंग्लिश स्कूल में दाख़िल करा दिया था और उनका सारा ख़र्च स्वयं वहन करते थे। अमित शाम को जब कभी ख़ाली होते, चौधरी विक्रम सिंह के पास बैठकर उनसे पुरानी बातें रुचिपूर्वक सुना करते।

"अमित साहब! ये कोठी 'दिलरुबा' किसी ज़माने में अलीगढ़ की सबसे ख़ूबसूरत कोठी मानी जाती थी। नवाब इस्माइल ख़ाँ साहब की मुस्तफ़ाबाद में बहुत बड़ी रियासत थी। मेरे पिता चौधरी दिवाकर प्रताप सिंह उनके मुलाज़िम थे। जिस ज़माने में ये कोठी बनी थी मेरा जन्म भी नहीं हुआ था। पिताजी बताते थे कि 'ख़िलाफ़त आंदोलन के दौरान कोठी के दो कमरे ख़िलाफ़त के दफ़्तर के लिए दे दिए गए थे। मौलाना मुहम्मद अली अलीगढ़ आते थे तो यहीं रुकते थे। नवाब साहब को मेहमानों की मान-मर्यादा और ख़ातिरदारी का बहुत ख़याल था। किसी ख़ास मेहमान के सम्मान में जो दावत दी जाती, शहर का कोई रईस ऐसा नहीं था जो उसमें न आता हो। पक्के कांग्रेसी थे नवाब साहब। मैं जिस ज़माने में इंटर कर रहा था, मैंने बड़े-बड़े कांग्रेसी नेताओं को यहाँ देखा था। एक बार तो पंडित नेहरू भी यहीं ठहरे थे।"

"आपने पंडित जी को देखा था?" अमित ने जिज्ञासावश पूछा था।

"कमाल करते हैं अमित जी आप। मैंने उन्हें देखा ही नहीं था, उनकी सेवा भी की थी। नवाब साहब का सबसे छोटा बेटा तनवीर इस्माइल उम्र में मुझसे छोटा ज़रूर था, पर उसके साथ मेरी बड़ी गहरी दोस्ती थी। नेहरू जी यहाँ केवल एक दिन ठहरे थे। फिर भी हम दोनों सारे दिन उनके आगे-पीछे लगे रहे।"

अमित को चौधरी साहब की बातों में बहुत मज़ा आता। एक दिन चौधरी साहब ने बातों-बातों में अमित से पूछा, "क्या आप जानते हैं नवाब साहब का निधन किस प्रकार हुआ?"

अमित भला क्या उत्तर देते। चौधरी साहब ने बताना शुरू किया, "राजा महेन्द्र प्रताप सिंह का नाम तो सुना होगा आपने? राजा साहब से बड़ा देशभक्त बीसवीं शताब्दी में मेरी दृष्टि में कोई नहीं हुआ। नवाब साहब के राजा साहब से बड़े गहरे संबंध थे। एम०ए०ओ० कॉलेज में, जो बाद में अलीगढ़ मुस्लिम विश्वविद्यालय कहलाया, दोनों सहपाठी थे। मेरी बात का बुरा मत मानिएगा। मैं ख़ुद सारी ज़िंदगी एक कांग्रेसी रहा हूँ। भक्ति चाहे देश के प्रति हो या ईश्वर के प्रति। आनंद भवन के सफ़ेद हाथी पर सवारी नहीं करती। वहाँ स्थिति यह होती है कि 'जे घर फूँकै

आपना चलै हमारे साथ।' राजा साहब ने देश की आज़ादी के संघर्ष में अपना सारा जीवन होम कर दिया। काबुल को अपने कार्यक्षेत्र का केंद्र बनाकर रूस, जर्मनी, फ्रांस कहाँ-कहाँ की ख़ाक नहीं छानी। और जब आज़ादी मिली और राजा साहब स्वदेश लौटकर चुनाव लड़े तो बुरी तरह हार गए। नवाब साहब को उनके हारने की जब सूचना मिली, ऐसा धक्का लगा कि इस संसार को अलविदा कह दिया।" इतना कहते-कहते चौधरी साहब की आँखें छलक पड़ी थीं। अमित भी थोड़ी देर के लिए नवाब साहब की दुनिया में कहीं खो गए।

उस दिन के बाद से अमित बुलंदशहर की एक घटना को लेकर इतना व्यस्त हो गए कि लगभग डेढ़ महीने उन्हें वहीं रुकना पड़ा। बीच में दो-एक बार घंटे-दो घंटे के लिए अलीगढ़ आए भी तो चौधरी साहब के पास जाने का समय नहीं मिला। काम की व्यस्तताओं ने लंबे अंतराल को बढ़ावा दिया। चौधरी साहब से मिलने की बेचैनी अमित के मन में निरंतर बनी रही। एक बार गहतोड़ी ने बताया भी कि 'चौधरी साहब ने आपको बुलवाया था किंतु आप बुलंदशहर में थे।' समय निकालकर अमित जब एक शाम चौधरी साहब के पास गए, उन्हें बहुत उदास और कमज़ोर देखकर अमित को अपने भीतर एक बेचैनी-सी महसूस हुई।

"आपकी तबीयत तो ठीक है? कुछ अस्वस्थ-से लग रहे हैं।" अमित ने शालीनता से पूछा।

"अब इस अवस्था में ये सब तो लगा ही रहेगा। हाँ, लगभग डेढ़ माह पूर्व लंदन से तनवीर इस्माइल साहब आए थे। उनका विचार था कि वो इस कोठी को बेच दें। मुझसे ज़िद कर रहे थे कि मैं ही इसे ख़रीद लूँ। तीन करोड़ की कोठी मुझे अस्सी लाख में देने को तैयार थे। पहली बात तो यह कि इतनी बड़ी रक़म मैं कहाँ से जुटाता। फिर मेरे जीवन का क्या है? कब आँखें मुँद जाएँ। दो बेटे हैं उनमें से कोई अलीगढ़ रहना नहीं चाहता। अभी पंद्रह दिन पहले दोनों मेरे पास आए थे। हम दोनों को अपने साथ ले जाना चाहते थे। दो वर्ष हुए एक बार हम दोनों दस-दस दिनों के लिए अहमदाबाद और बैंगलोर गए थे। हमें जो अनुभव हुआ, वह हमारी सीख के लिए पर्याप्त है। माता-पिता शायद आज के ज़माने में बेटों-बहुओं के लिए अनावश्यक वस्तु हैं। बची हुई ज़िंदगी यहीं शांतिपूर्वक गुज़र जाए तो भगवान् की कृपा मानूँगा।" इतना कहते-कहते चौधरी साहब की आवाज़ कहीं भीतर फँसने लगी थी। साँस की गति भी कुछ तेज़ हो गई थी।

अमित इन घरेलू मामलों में भला क्या बोलते! बिमला को आवाज़ देकर चौधरी साहब के लिए पानी मँगवाया और उन्हें विश्राम करने का सुझाव देकर वापस

अपने फ़्लैट पर लौट आए। मन कुछ उखड़ा-उखड़ा-सा था। 'कहीं मेरे पिताजी भी मेरे संबंध में इसी प्रकार तो नहीं सोचते। घर गए हुए छह महीने से अधिक हो गए। उनके लिए मैंने कभी कुछ किया भी नहीं। किंतु मैं कर भी क्या सकता हूँ? सभी सुख-सुविधाएँ तो उपलब्ध हैं उन्हें। अच्छे पद पर हैं। मान-सम्मान—क्या नहीं है उनके पास, अमित को उस समय कुछ संतोष हुआ जब उन्होंने घर फ़ोन मिलाकर पिताजी से बात कर ली। माँ का आशीर्वाद पाकर सारी उलझनें उड़नछू हो गईं।

गहतोड़ी ने मेज़ पर खाना लगा दिया था। भोजन के बाद बेड पर लेटे-लेटे अमित ने टी०वी० ऑन किया। सेटमैक्स पर 'बाग़बान' आ रही थी। शायद उनके आने से पहले गहतोड़ी फ़िल्म देख रहा था। अमित फिर उसी दुनिया में जाना नहीं चाहते थे। बेटों की स्वार्थप्रियता, माँ-बाप के आँसू, संतान मोह से मुक्ति। यथार्थ का यह रूप भीतर तक चीर देने वाला था। अमित ने चैनल बदलने के बजाय टी०वी० बंद कर दिया। शायद इस समय इसी सन्नाटे की ज़रूरत थी।

रात में अमित ने एक विचित्र स्वप्न देखा। 'दूर तक फैला घना जंगल। जंगल के बीच घिरे ढेर सारे लोग। घुप अँधेरा। चारों ओर वृक्षों से लिपटी बहुत ऊँची कँटीली झाड़ियाँ। न कोई रास्ता, न किसी कोण से प्रकाश के झाँकने की संभावना। साँस लेने में घुटन। अचानक एक वृक्ष के भीतर से एक तेज़ प्रकाश फूटा। वृक्ष ने विशाल मानव आकृति धारण कर ली। अन्य वृक्षों की आपस में फँसी शाखाएँ सिमटने लगीं। कँटीली झाड़ियाँ विलुप्त हो गईं। सूरज का प्रकाश पूरे जंगल में फैल गया। रास्ता स्पष्ट दिखाई देने लगा। जंगल के बीच घिरे लोगों ने एक-दूसरे को पहचाना, अमित को यह देखकर और भी आश्चर्य हुआ कि उन लोगों के बीच एक चेहरा उनका अपना चेहरा भी है। अमित ने चाहा कि वह दौड़कर उसके पास पहुँच जाएँ। किंतु प्रयास के बावजूद उनके पाँव अपने स्थान से उठ नहीं पा रहे थे। हाँ, इस प्रयास में उनकी आँख ज़रूर खुल गई।

रात के तीन बजे थे। जनवरी के महीने में भी अमित के माथे पर पसीने की बूँदें उभर आई थीं। 'आख़िर इस स्वप्न का क्या अर्थ हो सकता है? क्या आपाधापी के इस दौर में आम आदमी अँधेरे घुप घने जंगल के बीच घिरा हुआ है? क्या बहुत ऊँची कँटीली झाड़ियों जैसी विवशताओं ने उसे अपाहिज बना दिया है? क्या मैं भी आम आदमी की इस भीड़ का एक हिस्सा हूँ—दायित्व से अनभिज्ञ, विवेकशून्य? क्या सचमुच हमारे बीच से कभी अकस्मात् कोई प्रकाश फूटेगा, जिससे हमें हमारे रास्ते स्पष्ट दिखाई देने लगेंगे? कहीं ये निरंतर गहराते बाज़ारवाद का घना जंगल तो नहीं था?' अमित देर तक इसी प्रकार अपने आप से प्रश्न पर प्रश्न करते रहे। एक

चेतनाशून्यता ने उन्हें पूरी तरह जकड़ लिया था। प्रश्नों का कहीं कोई उत्तर नहीं दिख रहा था।

अमित उस समय चौंके जब गहतोड़ी ने सुबह की चाय बेड के पास तिपाई पर लाकर रख दी।

"शाबजी, लगता है आप रात को शो नहीं पाए। मच्छरदानी कहीं शे खुली रह गई होगी और आपको मच्छरों ने बहुत तंग किया होगा।"

"नहीं, ऐसी कोई बात नहीं।" अमित ने संक्षिप्त-सा उत्तर दिया और हाथ बढ़ाकर चाय की प्याली उठा ली। गहतोड़ी चुपचाप कमरे के बाहर चला गया।

शाम को संवाद चैनल के अधिकारियों की दिल्ली में एक बैठक थी। अमित को उसमें सम्मिलित होना था। दूसरे दिन से केंद्र सरकार ने दिल्ली और उसके आसपास के क्षेत्रों में निरंतर बढ़ते अपराध के मूल कारणों पर विचार-विमर्श के लिए एक तीन दिवसीय कार्यशाला आयोजित की थी। अमित को उसके लिए भी चुना गया था।

दिल्ली पहुँचकर अमित की व्यस्तताएँ बहुत बढ़ गई थीं। शाम की बैठक के बाद अमित देर रात तक लैपटॉप पर पश्चिमी उत्तर प्रदेश में विगत तीन वर्षों में घटित अपराधों के आँकड़े व्यवस्थित करते रहे। अपराधों का क्लासिफ़िकेशन और उनके अनुपात का डायग्राम तैयार करने में रात के डेढ़ बज गए। सुबह नौ बजे से कार्यशाला थी।

मुश्किल से अभी दो-ढाई घंटे ही सो पाए होंगे कि मोबाइल की घंटी बजने से अमित की आँखें खुल गईं। घड़ी में सुबह के साढ़े चार बजे थे। अमित ने मोबाइल उठाया तो अलीगढ़ से गहतोड़ी का फ़ोन देखकर उन्हें आश्चर्य हुआ। 'ऐसी क्या मुसीबत आ पड़ी कि यह इस समय फ़ोन कर रहा है।'

"शाब जी, मैं गहतोड़ी बोल रहा हूँ।" आवाज़ में एक विचित्र-सी कँपकँपाहट थी।

"हाँ, बोलो, क्या बात है? इतने घबराए-से क्यों लग रहे हो?"

"शाब जी, चौधरी शाहब की कोठी में बहुत शे गुंडे घुश गए हैं और उनका शामान उठा-उठाकर बाहर फेंक रहे हैं। अभी उनकी नौकरानी बिमला आई थी। चौधरी शाब आपकी मदद चाहते थे।"

"लेकिन सामान फेंकने का कोई कारण तो होगा?"

"शाब जी, ये कोठी शहर के एम०पी० ठाकुर उदयवीर शिंह ने खरीद ली है। ये शब गुंडे उन्होंने ही भेजे हैं।"

"ठीक है, तुम फ़्लैट में ही रहना। मैं यहाँ से कुछ करता हूँ।"

अमित ने साढ़े छह बजे के लगभग सी०ओ० सिविल लाइंस को फ़ोन मिलाया।

"हैलो, अमित जी नमस्कार। आज इतनी सुबह कैसे याद किया?"

"अरे भाई पाठक जी, आपके रहते हुए ये क्या तमाशा हो रहा है?"

"क्या हुआ अमित जी? कोई विशेष बात?"

"मेरे फ़्लैट के सामने कोठी 'दिलरुबा' में ठाकुर उदयवीर सिंह के गुंडे घुस गए हैं और वो चौधरी साहब का सामान जबरन बाहर फेंक रहे हैं।"

"अमित जी, इस समय तो मैं एक तफ़तीश के सिलसिले में हरदुआगंज आया हुआ हूँ। आप निश्चिंत रहिए, मैं अभी तुरंत एस०एच०ओ० थाना सिविल लाइंस को फ़ोन करता हूँ। मुझे प्रसन्नता होगी यदि मैं आपके लिए कुछ कर सकूँ।"

अमित को पाठक का आश्वासन पर्याप्त खोखला-सा लगा। चौधरी साहब के प्रति उनके मन में जो श्रद्धा थी, वह उन्हें गंभीर रूप से बेचैन कर रही थी। कार्यशाला के लिए निकलने से पहले अमित ने अलीगढ़ के एस०एस०पी० मिस्टर एन०के० मीणा को फ़ोन मिलाया और उन्हें चौधरी साहब के साथ घटित अत्याचार की सूचना दी। मीणा के आश्वासन पर अमित निश्चिंत हो गए।

कार्यशाला के दौरान अमित ने अपना मोबाइल वाइब्रेशन पर कर रखा था। अलीगढ़ से बार-बार गहतोड़ी का फ़ोन आ रहा था किंतु अमित वैचारिक आदान-प्रदान में इतना अधिक तल्लीन थे कि झुँझलाकर उन्हें फ़ोन का स्विच ऑफ़ करना पड़ा था। लंच में अमित ने गहतोड़ी को जब फ़ोन किया तो पता चला कि चौधरी साहब का सारा सामान एक ट्रक में भरकर तथा एक दूसरी गाड़ी में चौधरी साहब, उनकी पत्नी, बिमला और उसके पति और बच्चों को जबरन बिठाकर गुंडे यहाँ से कहीं ले गए।

अमित इस समाचार को सुनकर सन्न रह गए। थोड़ी देर के लिए अमित को ऐसा लगा कि वर्तमान व्यवस्था में उनकी और उनके जैसे लोगों की कोई भूमिका नहीं है। अपने अस्तित्व की अर्थहीनता उन्हें कहीं भीतर तक साल रही थी। अमित ने गहतोड़ी से कुछ कहे बिना ही मोबाइल बंद कर दिया।

चौथे दिन अमित जब अलीगढ़ लौटे तो यहाँ सब कुछ बदल चुका था। कोठी दिलरुबा का कहीं नामोनिशान तक नहीं था। लंबी-चौड़ी बाउंड्री के बीच एक समतल मैदान था जो किसी-किसी स्थान से अपने अतीत की चुग़ली कर रहा था। सड़क के किनारे एक बोर्ड लगा हुआ था—'साइट फ़ार प्रिविलेज लक्ज़री अपार्टमेंट।'

फ़्लैट में पहुँचकर अमित अभी ठीक से दम भी नहीं ले पाए थे कि अचानक फ़ोन की घंटी बजी। अमित ने आगे बढ़कर रिसीवर उठा लिया।

"क्या मैं अमित जी से बात कर सकता हूँ?" दूसरी ओर से आवाज़ आई।

"जी मैं अमित बोल रहा हूँ।" अमित ने संक्षिप्त-सा उत्तर दिया।

"ओ हो, अमित जी, नमस्कार। मैं हूँ ठाकुर उदयवीर सिंह।"

"नमस्कार ठाकुर साहब। कहिए, कैसे कृपा की आपने?" अमित ने सधे हुए गंभीर स्वर में प्रश्न किया।

"भई अमित जी, मैं चाहता हूँ कि आज शाम की चाय आप मेरे घर पर मेरे साथ पिएँ। दो-एक लोगों से मिलवाना भी चाहता हूँ। देखिए किसी व्यस्तता का बहाना मत कीजिएगा।"

"ठीक है ठाकुर साहब, मैं शाम को आ जाऊँगा।"

"मैं आपकी प्रतीक्षा करूँगा।"

शाम को अमित जब ठाकुर साहब की हवेली पर पहुँचे तो वहाँ ड्राइंगरूम में सी०ओ०सिविल लाइंस पाठक, ठाकुर साहब स्वयं और दो अन्य व्यक्ति पहले से मौजूद थे।

"आइए, आइए अमित जी।" ठाकुर साहब ने बड़े तपाक से अमित का स्वागत किया।

"पाठक से तो आप पहले से परिचित हैं। इनसे मिलिए। ये हैं चौधरी विशाल सिंह। चौधरी विक्रम सिंह के बड़े बेटे। अहमदाबाद में इंजीनियर हैं।"

अमित ने हाथ मिलाते हुए मुलाक़ात की और प्रसन्नता व्यक्त की।

"और हाँ। अमित जी ये हैं चौधरी कृपाल सिंह। विशाल जी के छोटे भाई। ये बैंगलोर की एक कंपनी में इंजीनियर हैं।"

"चौधरी साहब से आप लोगों की चर्चा तो बहुत सुनी थी। पर कभी मिलने का संयोग नहीं हुआ।" अमित ने ठहरे हुए स्वर में मुस्कराते हुए कहा।

"हाँ, बाबूजी ने तो हम लोगों की बुराई ही की होगी। उन्हें हमारी कोई बात पसंद कब आती है।" चौधरी विक्रम सिंह के बड़े बेटे विशाल ने ठंडी साँस लेते हुए कहा।

"नहीं, ऐसी कोई बात तो उन्होंने कभी नहीं की।" अमित ने चौधरी साहब का पक्ष लिया। फिर सोफ़े पर बैठकर कुछ इधर-उधर की बातें होती रहीं। इस बीच शाम की चाय के साथ काजू, पिस्ता और कुछ मिष्टान्न मेज़ पर रखकर नौकर जा चुका था।

चाय पीने के दौरान कुछ देर के लिए ख़ामोशी रही। फिर ठाकुर साहब ने अमित को संबोधित करते हुए कहा, "अमित जी, मैंने सुना है कि आपने एस०एस०पी० मिस्टर मीणा से शिकायत की है कि मैंने चौधरी विक्रम सिंह के साथ घोर अत्याचार

किया है। आप जानते हैं कि मैं एक पुराना समाजसेवी हूँ और बड़े बुजुर्गों का आशीर्वाद अपने लिए ज़रूरी समझता हूँ।"

"वो सब तो ठीक है। किंतु चौधरी विक्रम सिंह को जिस प्रकार कोठी 'दिलरुबा' से निकाला गया, वह एक अमानवीय घटना है।"

"नहीं अमित जी, चौधरी साहब को निकाला नहीं गया। उन्हें एक अच्छे से तीन कमरों के फ़्लैट में रामघाट रोड पर शिफ़्ट कर दिया गया। मैं तो सबकी राज़ी-खुशी में ही विश्वास रखता हूँ। बताइए न विशाल जी अमित जी को पूरी बात।"

"देखिए अमित जी, आप तो बाबूजी के हितैषी रहे हैं। इतनी बड़ी कोठी में अकेले अम्मा के साथ उनका रहना ठीक नहीं था। ठाकुर साहब ने हमें कोठी ख़ाली करने के लिए तीस लाख का ऑफ़र किया था। हम दोनों भाई कुछ दिन पहले बाबूजी के पास गए थे। उनसे बहुत विनती की कि वो हमारे साथ बैंगलोर या अहमदाबाद में चलकर रहें। पर वो तो कोठी 'दिलरुबा' से चिपके रहना चाहते थे। ठाकुर साहब का ऑफ़र स्वीकार करने में हमारा भी और ठाकुर साहब का भी लाभ था। हमने अठारह लाख का एक फ़्लैट ख़रीदकर बाबूजी को उसमें शिफ़्ट कर दिया। वहाँ वो सुखपूर्वक रहेंगे और अलीगढ़ में एक अच्छी प्रापर्टी भी हमारे पास रहेगी।..."

चौधरी विशाल सिंह बोलते जा रहे थे और अमित की आँखों के सामने अँधेरा गहराता जा रहा था। ठाकुर साहब का भव्य ड्राइंगरूम एक घने जंगल में तब्दील हो चुका था। घुप अँधेरा। चारों ओर ऊँची-ऊँची कँटीली झाड़ियाँ और उन कँटीली झाड़ियों के बीच चेतनाशून्यता की स्थिति में मूक और अवाक् अमित का अपना अस्तित्व। कोठी 'दिलरुबा' और चौधरी विक्रम सिंह इन ऊँची कँटीली झाड़ियों में कहीं विलुप्त हो चुके थे।

काली चींटी

"आप अल्तमश जी हैं?" लोहे का बाहरी दरवाज़ा खोलते हुए एक छोटी-सी बच्ची ने सवाल किया।

"क्या आप मुझे जानती हैं?" मैंने उत्सुकतावश प्रश्न का उत्तर देने के बजाय उसका गाल थपथपाते हुए सवाल दाग़ दिया।

"लीजिए, आपको क्यों नहीं जानूँगी, कुछ देर पहले आपी का तो फ़ोन आया था?"

अभी मैं कुछ और कहता कि तस्मीना गर्ग बाहर आ गईं। "आइए, अंदर आइए, आप इसे नहीं जानते, ये काली चींटी है।" ड्राइंगरूम में सोफ़े पर बैठते हुए मैंने काली चींटी को ध्यान से देखा। मुश्किल से दो फ़िट का क़द, चमकता काला रंग, आठ-नौ बरस से अधिक की नहीं होगी, भाषा इतनी साफ़ और आवाज़ ऐसी खनकदार कि बस सुनते रहिए। मैं तस्मीना से उनकी ख़ैरियत पूछना बिलकुल भूल गया और तस्मीना भी काली चींटी के कारनामे सुनाने में खो गईं।

काली चींटी का वास्तविक नाम सबा था। तीन भाई-बँहनों में सबसे छोटी थी। माँ-बाप पड़ोस में ही एक झुग्गीनुमा टीन-शेड में रहते थे। तस्मीना के गोरे-चिट्टे लहीम-शहीम डील-डौल के सामने वह सचमुच एक चींटी-सी ही लगती थी। लेकिन तस्मीना का ख़याल था कि लाल चींटी बहुत ज़ोर से काटती है और काली चींटी से किसी तरह का कोई ख़तरा नहीं होता। तस्मीना ने इसीलिए सबा का नाम काली चींटी रखा था। वो भी अपने इस नाम से बहुत खुश थी। फिर सबा की एक खूबी यह भी थी कि घर में कोई मेहमान आ जाए, तस्मीना को हिलना भी नहीं पड़ता था। वह ट्रे में अच्छा-ख़ासा नाश्ता लगाकर सलीक़े से चाय या कॉफ़ी के साथ मेहमान के सामने सजा देती थी। यह ट्रेनिंग शायद तस्मीना ने ही उसे दी थी। काली चींटी का तौर-तरीक़ा देखकर मेरी दिलचस्पी उसमें कुछ ज़्यादा ही बढ़ गई थी। उसकी वजह एक यह भी थी कि मैं इससे पहले ऐसी किसी बच्ची से नहीं मिला था। दिल्ली का शायद ही कोई ऐसा चर्चित लेखक बचा हो जिसे वह न जानती हो। इतना ही नहीं, वह किस स्तर का लेखक है इस संबंध में भी वह अपनी बड़ी नपी-तुली राय रखती थी। तस्मीना का ख़याल था कि लोगों की बातें सुन-सुनकर उसने यह सब कुछ सीख

लिया है। मैं उसकी बातों पर मुग्ध भी था और आश्चर्यचकित भी। अभी तीसरी कक्षा में पढ़ने वाली बच्ची और इतनी बड़ी-बड़ी बातें। दिल्ली की एक साहित्यिक पत्रिका के संपादक के संबंध में कहने लगी, "अल्तमश जी! आप ही बताइए, इस पत्रिका के संस्थापक की कुछ निश्चित मर्यादाएँ थीं या नहीं? और अपने समय में इसका एक विशेष स्थान था या नहीं? कुछ तो लिहाज़ रखना था संपादक महोदय को इन बातों का।"

मैं भला अपनी असहमति क्या व्यक्त करता, उसकी हाँ में हाँ मिला दी। उसका चेहरा खिल उठा। उसके जामुनी सियाह रंग पर संतोष और प्रसन्नता के बिंब साफ़ देखे जा सकते थे।

उस दिन तस्मीना के घर से लौटने के बाद मैं रात की गाड़ी से लखनऊ के लिए रवाना हो गया। वहाँ व्यस्तताएँ इतनी बढ़ गईं कि काली चींटी का ध्यान ही न रहा। एक दिन टाइम्स ऑफ़ इंडिया में मैंने नौ-दस वर्ष की बच्ची की एक तस्वीर देखी। किसी बड़े बिजनेसमैन की बेटी थी। उसका परिचय वास्तु-शिल्प की एक दक्ष परामर्शदात्री के रूप में कराया गया था। यह भी बताया गया था कि विदेशों में लोग उसके परामर्श को विशेष आदर देते हैं। मुझे अकस्मात् काली चींटी का ध्यान आ गया। यदि वह भी किसी ऐसे ही घर में जन्मी होती तो इससे किसी दृष्टि से कम न होती।

दस-बारह वर्ष गुज़र गए। मैं नौकरी से सेवामुक्त होकर बनारस अपने पुश्तैनी मकान में रहने चला आया। मकान की हालत ख़ासी ख़राब थी। जहाँ मरम्मत से काम चल सकता था, मरम्मत करा दी। बाथरूम और किचन में काम कुछ ज़्यादा बढ़ गया। बच्चों की ज़िद थी इसलिए नए तौर-तरीक़े की चीज़ें लगवानी पड़ीं। पीछे के लंबे-चौड़े बरामदे में बेटे ने बड़े साइज़ का फ्लैट टी०वी० लाकर लगा दिया। लड़कियों की शादी जौनपुर और ग़ाज़ीपुर में हुई थी। लखनऊ की तुलना में उन्हें बनारस आने में अधिक आसानी थी। नतीजे में ईद, बक़रीद और मुहर्रम में घर ख़ासा भरा-भरा-सा रहता था। मुझे टी०वी० सीरियलों में कोई दिलचस्पी नहीं थी। हाँ, कभी-कभी बच्चों के बहुत कहने पर कुछ देर के लिए बैठ ज़रूर जाता था। इस साल ईद और दीवाली की छुट्टियाँ ऐसी हुईं कि बेटा बहू और बच्चों के साथ बनारस आ गया। छोटी बेटी भी ग़ाज़ीपुर से आ गई थी। पल-पल पर नाना-दादा की आवाज़ों से घर गूँज रहा था। मुझे इन आवाज़ों से बहुत ताक़त मिलती थी। फ़रमाइशें, शिकायतें, रूठना, ज़रा-ज़रा-सी बात पर क़हक़हे लगाना, अजब दिलचस्प दुनिया थी बच्चों की, जिसमें घुल-मिलकर मैं भी बच्चों जैसा हो गया था।

एक दिन मेरी छोटी नवासी तूबा उछलती-कूदती मेरे पास आई। कहने लगी, "नाना! आज नौ बजे स्टार चैनल पर एक ड्रामा आएगा—'काबुल की ख़ुशबू' आप

भी देखिएगा।"

"ऐसी क्या ख़ास बात है इस ड्रामे में जो आप मुझसे देखने को कह रही हैं?"

"ख़ास बात है जभी तो कह रही हूँ।"

"अच्छा! ज़रा मैं भी कुछ सुनूँ।"

"इसमें शहंशाह बाबर है। बड़े-बड़े हाथी हैं और घोड़े ऐसे शानदार हैं कि बस देखते रहिए। मैंने इसका ट्रेलर देखा है।"

"फिर तो मैं ज़रूर देखूँगा।"

"और नाना! इसमें तोपें भी हैं, और ज़बरदस्त लड़ाई भी है।"

"गुड, मज़ा आ जाएगा ये सब देखकर।"

मैंने तूबा को प्यार से लिपटा लिया, लेकिन दूसरे ही पल वह खुद को छुड़ाकर अलग खड़ी हो गई। "नाना, आपने शेव नहीं किया है। आपकी दाढ़ी चुभती है।"

मैंने अपनी दाढ़ी छूकर देखी, वाक़ई बढ़ी हुई थी। मैं कुछ कहता, इससे पहले तूबा जा चुकी थी। नौ बजने में अभी दो-चार मिनट बाक़ी थे। अचानक जुनैद की आवाज़ सुनाई दी, "दादा, मैं आ जाऊँ?"

"ओ हो, आइए, ज़रूर आइए।"

"चलिए ड्रामा आने वाला है। आप सीरियल तो देखते नहीं। माम ने कहा दादा को बुला लाओ।"

जुनैद ने मेरा हाथ पकड़कर खींचना शुरू कर दिया। मैं जुनैद के साथ जाकर पीछे के बरामदे में एक कुर्सी पर बैठ गया। वहाँ दुल्हन, बेटी नसरीन और बच्चे पहले से मेरा इंतज़ार कर रहे थे।

ड्रामा शुरू हुआ। बाबर की आरामगाह। पास बैठे हकीम साहब। दाएँ जानिब हाथ बाँधे शालीनता से खड़ा शहज़ादा हुमायूँ। ज़िंदगी और मौत के फ़ासले तय करती शमा की धुँधली रोशनी। दर्द से भरे बाघ की हलकी-हलकी आवाज़। फिर कुछ क्षणों बाद बाबर के चेहरे की मुस्कराहट का क्लोज़प और फ्लैशबैक, चारों ओर से पर्वतों से घिरे बागों, झरनों, नदियों, नहरों के दृश्य, पर्वत की चोटी पर शाह काबुल नामक क़िला। पर्वत के नगर वाले छोर की तरफ़ तीन ख़ूबसूरत आब्शार, पास में ही ख़्वाजा शम्सुद्दीन जाँबाज़ की मज़ार और ख़्वाजा ख़िज्र की क़दमगाह। सबसे गुज़रता हुआ कैमरा क़िले के एक उद्यान में ठहर गया। पार्श्व में मीठी आवाज़ में शीर्ष गीत चल रहा था–

किले की ये फिज़ा रिन्दों के ख़ाली जाम भर देगी।
मैं क़ाबुल हूँ नदी परबत शहर बागात, सब कुछ हूँ।

उद्यान में अपनी पत्नी माहम बेगम के साथ कुछ चिंतित मुद्रा में बाबर टहल रहा था। "काबुल को फ़तह करने में जिस बाबर को मुतलक़ दुश्वारी नहीं हुई, हिंदोस्तान की फ़तःयाबी का ख़्वाब उसके लिए आज भी अधूरा है।" बाबर की आवाज़ में कुछ बेचैनी थी।

"गेती सितानी। आपने तो कभी वहमोगुमान में भी मायूसियों को दाख़िल नहीं होने दिया। और फिर आप ही ने तो मुझसे फ़रमाया था कि जिस बादशाह के लिए अल्लाह की मेहरबानियाँ मददगार हों तो तमाम दुनिया के बदमाश मिलकर भी उसे ख़ौफ़ज़दा नहीं कर सकते।"

"हाँ, मैंने इस मज़मून के कुछ शेर तुम्हें सुनाए थे।"

"मुझे अशआर तो याद रहते नहीं लेकिन जहाँ तक ख़याल है दूसरे शे'र का मफ़्हूम कुछ इस तरह था कि अल्लाह ने बादशाह की हैसियत से आपको अपनी मदद के जौशन (कवच) और रहमानियत (कृपाशीलता) के ताज से नवाज़ा है।"

"हाँ, बात तो आपकी सौ फ़ीसदी दुरुस्त है। और गेती सितानी। याद कीजिए वह मौक़ा जब शाहज़ादा कामरान की शादी के बाद आपने शहर आरा बाग़ में दो रिकात नमाज़ अदा करके दुआ माँगी थी। 'रब्बुलइज़्ज़त' (प्रतिष्ठित पालनकर्ता) तू कार्साज़ है। अगर हिंदोस्तान की हुकूमत से मुझे फैज़याब करना चाहता है तो तोहफ़े की शक्ल में हिंदोस्तान से पान के बीड़े और आम मेरे पास भिजवा दे।"

"हाँ, मुझे बख़ूबी याद है कि मेरी दुआ कुबूल हुई थी और दौलत ख़ाँ ने तोहफ़े में ये तबर्रुकात अहमद ख़ाँ सरबनी के हाथों मेरे पास भिजवाए थे।" बाबर के चेहरें पर मुस्कराहट दौड़ गई थी।

माहम बेगम ने गेती सितानी को खुश देखकर संवाद जारी रखते हुए कहा, "अल्लाह को हिंदोस्तान की ज़फ़र्याबी अगर मंजूर न होती तो आप क़ासिम बेग की इस दरख़्वास्त पर हरगिज़ खुश न होते कि दिलदार बेगम के यहाँ शाहज़ादे की पैदाइश हिंदोस्तान की फ़तह के लिए फ़ाले-नेक हैं। आपने इसे एक मुबारक ख़बर तसलीम करते हुए बेटे का नाम हिंदाल रखा था।"

बादशाह ने खुश होकर माहम बेगम को सीने से लगा लिया।

दृश्य बदलता है और युद्ध की तैयारियाँ शुरू हो जाती हैं। काबुल से दस हज़ार अश्वारोहियों के साथ फ़िरदौस मकानी बाबर बादशाह निकल पड़े। दौलत ख़ान के सहयोग से लाहौर तक पहुँचते-पहुँचते एक भारी सेना साथ हो गई। पंजाब, सरहिंद एवं हिसार सभी अधीन होते चले गए। पानीपत के मैदान में इब्राहिम लोदी के साथ घमासान युद्ध हुआ। इब्राहिम की सेना के कई अमीर भागकर बाबर की सेना में

शामिल हो गए। हामिद ख़ान चार हज़ार अश्वारोहियों सहित फ़िरदौस मकानी की सहायतार्थ पहुँच गया। इब्राहिम लोदी वीरता के साथ लड़ता हुआ मारा गया। दिलावर ख़ान ने उसके मरने की ख़बर जब सुलतान को दी तो फ़िरदौस मकानी खुद उसके जनाज़े पर तशरीफ़ ले गए। मैयत धूल और रक्त में सनी हुई थी। ताज कहीं पड़ा था और आफ़्ताबीर (छत्र) कहीं, फ़िरदौस मकानी ने फ़रमाया तेरी शुजाअत लायक़े-तारीफ़ है। मैयत को ज़र्बफ़्त के थान में लपेटा गया और पूरी इज़्ज़त के साथ दफ़न किया गया। मैदान, फ़िरदौस मकानी की फ़तह के नारों से गूँज रहा था।

कैमरा लौटकर सम्राट् बाबर की आरामगाह पर केंद्रित हो गया था। तबीब ने दवाओं से निराश होकर तस्बीह पढ़ना शुरू कर दी थी। सम्राट् के होंठों पर हलकी-सी थरथराहट आई। मूर्च्छा टूट रही थी। सम्राट् ने आँखें खोलीं और शाहज़ादा हुमायूँ की तरफ़ देखकर पूछा, "तुम कब आए?"

"फ़िरदौस मकानी ने जिस वक़्त तलब किया था।" हुमायूँ ने शालीनता से संक्षिप्त-सा उत्तर दिया।

"हाँ, मैं तुम्हारा मुंतज़िर था। आज मैं तुम्हें अपना वली-अहद मुक़र्रर करता हूँ। हिंदोस्तान की सरज़मीन का ख़ास ख़याल रखना। इसे काबुल की ख़ुशबू से नवाज़ते रहना। और देखो, अपने भाइयों से कभी जंग न करना। अगर वो कुछ ग़लत भी हों तो दरगुज़र कर देना।" आवाज़ धीमी पड़ती जा रही थी।

हवा का एक तेज़ झोंका आरामगाह में दाख़िल हुआ और शमा गुल हो गई। टी०वी० स्क्रीन पर आहिस्ता-आहिस्ता कुछ नाम उभर रहे थे।

प्रेरणा-स्रोत—तस्मीना गर्ग

पटकथा लेखन—सबा, निर्देशन—सबा।

स्क्रीन के इन अक्षरों ने मुझे दूर, बहुत दूर अतीत के कुछ ख़ूबसूरत क्षणों के सामने खड़ा कर दिया। सबा और तस्मीना गर्ग का नाम एक साथ देखकर मेरे दिमाग़ में कहीं काली चींटी रेंग गई थी।

"अब्बू, आप कहाँ खो गए?" मैं बेटी की आवाज़ पर चौंका।

मुस्कराने की कोशिश करते हुए मैंने बेटी की तरफ़ देखा। मुझे महसूस हुआ जैसे उसके दाएँ हाथ की गोरी-चिट्टी कलाई पर एक काली चींटी रेंग रही है। मुझे लगा कि मैं दिल्ली में हूँ और तस्मीना मुझसे कह रही है, लाल चींटी बहोत ज़ोर से काटती है। काली चींटी से किसी तरह का कोई ख़तरा नहीं होता।

□□